Catequese com adolescentes

Coleção Pedagogia da Fé

- *A missão do catequista* – Sérgio Silva
- *Catequese com adolescentes* – Vilson Dias de Oliveira
- *Diretório geral para a catequese* – Congregação para o Clero
- *O futuro da catequese* – Denis Villepelet
- *O primeiro anúncio* – Joseph Gevaert
- *Projeto de pedagogia evangélica* – Ubaldo Terrinoni

Vilson Dias de Oliveira

Catequese com adolescentes

Paulinas

Dados Internacionais de Catalogação na Publicação (CIP)
(Câmara Brasileira do Livro, SP, Brasil)

Oliveira, Vilson Dias de
 Catequese com adolescentes / Vilson Dias de Oliveira. – São Paulo :
Paulinas, 2011. – (Coleção pedagogia da fé)

 ISBN 978-85-356-2836-4

 1. Adolescentes – Vida religiosa   2. Amor – Ensino bíblico
 3. Catequese – Igreja Católica   4. Educação religiosa do adolescente
 I. Título.   II. Série.

 11-06048   CDD-268.433

 Índices para catálogo sistemático:
 1. Catequese bíblica : Adolescência : Cristianismo   268.433
 1. Adolescência : Catequese bíblica : Cristianismo   268.433

1ª edição – 2011
1ª reimpressão – 2011

Direção-geral: *Bernadete Boff*
Editores responsáveis: *Vera Ivanise Bombonatto e
Antonio Francisco Lelo*
Copidesque: *Mônica Elaine G. S. da Costa*
Coordenação de revisão: *Marina Mendonça*
Revisão: *Ana Cecilia Mari*
Assistente de arte: *Sandra Braga*
Gerente de produção: *Felício Calegaro Neto*
Projeto gráfico: *Wilson Teodoro Garcia*

Nenhuma parte desta obra poderá ser reproduzida ou transmitida
por qualquer forma e/ou quaisquer meios (eletrônico ou mecânico,
incluindo fotocópia e gravação) ou arquivada em qualquer sistema ou
banco de dados sem permissão escrita da Editora. Direitos reservados.

Paulinas
Rua Dona Inácia Uchoa, 62
04110-020 – São Paulo – SP (Brasil)
Tel.: (11) 2125-3500
http://www.paulinas.org.br – editora@paulinas.com.br
Telemarketing e SAC: 0800-7010081
© Pia Sociedade Filhas de São Paulo – São Paulo, 2011

*Quão formosos, sobre os montes,
são os pés do mensageiro, do que anuncia a paz,
do que proclama boas novas e anuncia a salvação.*

Is 52,7

Agradecimentos

Aos professores e colegas da área de Teologia Pastoral, especialmente: Mons. Sérgio Conrado, Ir. Israel José Nery, Araçari Basso Galvez, Sofia Ismail Ollaik Cardelino, Mariza Tavares e Dalila Rodrigues Arruda.

Aos meus pais: João Dias de Oliveira (in memoriam) e Elza Atayde de Souza Oliveira.

Aos meus irmãos: Regina Aparecida Oliveira Simões, Valter Dias de Oliveira, Maria de Fátima Oliveira Barbosa, Maria Gorete de Oliveira e João José de Oliveira, cunhados(as) e sobrinhos(as).

À Congregação dos Padres da Doutrina Cristã.

Aos bispos, assessores(as) e funcionários(as) da CNBB, Brasília (DF).

À Dimensão Bíblico-Catequética da CNBB, nas pessoas dos amigos de trabalho: Dom Francisco Javier Hernandes Arnedo, oar, e Ir. Teresa Nascimento, iic.

Às Equipes de Nossa Senhora (ENS): 2 do Setor B e 18 do Setor A, de Brasília (DF).

Aos catequistas da Região Episcopal Ipiranga e da Arquidiocese de São Paulo (SP).

Aos membros da Paróquia São Francisco de Salles, São Paulo (SP).

Aos padres Antonio Francisco Lelo e Luís Fabiano Canatta, no auxílio da organização final.

Aos irmãos e irmãs da Diocese de Limeira (SP).

Sumário

SIGLAS E ABREVIATURAS 11

INTRODUÇÃO 13

CAPÍTULO I
A Pastoral de Adolescentes 17

CAPÍTULO II
Um olhar sobre a adolescência 25

CAPÍTULO III
Primeira etapa da adolescência 55

CAPÍTULO IV
Segunda etapa da adolescência 81

CAPÍTULO V
A importância da Bíblia 93

CAPÍTULO VI
Catequistas de adolescentes 111

CAPÍTULO VII
Metodologia do caminho 129

CAPÍTULO VIII
Metodologia experiencial 137

CAPÍTULO IX
O planejamento da catequese 151

CONCLUSÃO 165

BIBLIOGRAFIA 173

Siglas e abreviaturas

CEBs – Comunidades Eclesiais de Base.

CELAM – Texto conclusivo da V Conferência Geral do Episcopado Latino-Americano e do Caribe, 2007.

Cf. – Veja, confira.

ChL – Exortação apostólica *Christifideles laici*, do Papa João Paulo II, 1989.

CNBB – Conferência Nacional dos Bispos do Brasil.

COINCAT – Conselho Internacional para a Catequese, com sede no Vaticano.

CONIC – Conselho Nacional das Igrejas Cristãs.

CR – Catequese Renovada: orientações e conteúdo (*Documentos da CNBB*, n. 26, 1983).

CT – *Catechesi Tradendae*; A catequese hoje (Exortação Apostólica do Papa João Paulo II, 1979).

DAp – Documento de Aparecida.

DCG – Diretório Catequético Geral (1971).

DGC – Diretório Geral para a Catequese (1997).

DNC – Diretório Nacional de Catequese (2006).

DV – *Dei Verbum* (Constituição Dogmática sobre a Revelação Divina, do Vaticano II, 1965).

ECIAM – Encontro Continental da Infância e Adolescência Missionária, ocorrido em Costa Rica, em julho de 2002.

EN – *Evangelii Nuntiandi*: sobre a evangelização do mundo contemporâneo (Exortação Apostólica Pós-Sinodal do Papa Paulo VI, 1975).

GS – *Gaudium et Spes*; a Igreja no mundo de hoje (Constituição Pastoral do Concílio Vaticano II, 1965).

LG – *Lumen Gentium* (Constituição Dogmática sobre a Igreja, do Concílio Vaticano II, 1964).

Medellín – A Igreja na atual transformação da América Latina (Conclusões da II Conferência Geral do Episcopado Latino-Americano, realizada em Medellín, Colômbia, em 1968.

Puebla – A evangelização no presente e no futuro da América Latina (Conclusões da III Conferência Geral do Episcopado Latino-Americano, realizada em Puebla, México, em 1979).

Unesco – *United Nations Educational Scientific and Cultural Organization* (Organização das Nações Unidas para a Educação, Ciências e Cultura).

Introdução

Em geral, olhamos para o mundo da criança e do pré-adolescente principalmente nas etapas de Pré-Eucaristia e Eucaristia, e muito pouco para o mundo do adolescente. Essa fase "é o tempo da descoberta de si mesmo e do próprio mundo exterior, o tempo dos planos generosos, o tempo do desabrochar do sentimento do amor, com os impulsos biológicos da sexualidade, o tempo do desejo de estar junto com os outros, o tempo de uma alegria particularmente intensa, ligada a uma inebriante descoberta da vida".[1]

Temos urgência de aprofundar a realidade do mundo da adolescência com uma catequese que leve o cristão a penetrar plenamente no Mistério de Cristo.[2]

Tenho o objetivo de contribuir com as comunidades de catequistas do nosso Brasil, na formação de novos agentes voltados para esse importante campo de trabalho.

São muitas as turmas de pré-adolescentes que participam da Eucaristia nas nossas comunidades. Mas quantas perseveram neste caminho? E a comunidade se preocupa, realmente, em dar valor ao processo de evangelização dos seus adolescentes? Tem preparado agentes ou catequistas

---
[1] CT 38.
[2] CR 98.

para acompanhá-los nessa etapa? Não seria importante uma catequese de perseverança ou uma catequese que não tenha em vista o sacramento em si, mas a vivência cristã dos adolescentes na vida comunitária, ajudando-os a caminhar seguros para a juventude e para a vida adulta, como cristãos, discípulos de Jesus?

Neste campo de ação aparecem novas incumbências para os pais. É preciso descobrir novos caminhos para penetrar o mundo do adolescente. "Os pais devem ser orientados não só para uma formação consciente e explicitamente cristã aos filhos, mas para eles mesmos crescerem em seu compromisso cristão e na capacidade de iluminar pela fé a realidade familiar e social, que são chamados a construir."[3] Não se pode imaginar, portanto, um trabalho com adolescentes sem um trabalho com pais. Como educadores da fé, são chamados a participar desse processo e, assim, a contribuir na educação da fé dos seus filhos. Assim, é necessário que se descubra "que uma das tarefas essenciais dos pais e da comunidade eclesial é criar ambiente e apoio para que a criança, o adolescente e o jovem caminhem para a maturidade na fé".[4]

Este trabalho quer chamar a atenção de nossa Igreja para os adolescentes, buscando esclarecer a importância do acompanhamento específico que eles requerem, dada a necessidade de inseri-los em grupos nos quais possam partilhar suas vidas, suas buscas e experiências, adquirir confiança, conhecer e conquistar valores, crescer em "estatura e graça" (amadurecimento), encontrando-se como pessoas e, assim, poderem melhor amar e servir seus irmãos e irmãs.

A catequese situa a pessoa no Plano da Salvação. O adolescente, desestabilizado pela crise de idade, precisa perceber-se participante do Plano de Deus e nele encontrar pistas para o seu crescimento. "A catequese deve manifestar a unidade do Plano de Deus. O Plano da Salvação, concretizado por Jesus, deve estar unido em comunhão com as aspirações da pessoa. O Plano de Deus deve realizar as grandes

---

[3] CR 123, apud JOÃO PAULO II, Catechesi Tradendae, n. 68.
[4] CR 131.

necessidades humanas. A catequese deve tornar a pessoa realizada, livre, feliz."⁵

Mas nossos adolescentes estão num contexto específico de América Latina. O Brasil é um país em desenvolvimento, marcado por uma realidade social, econômica e política de injustiça e opressão. E, portanto, "a catequese tem uma luta para enfrentar: Nunca separar a fé da vida do povo. A religião não pode estar separada da política, da economia e da fome",⁶ bem como dos grandes temas que envolvem a humanidade hoje, tais como o problema da paz, da ecologia, entre outros.

Este trabalho levanta algumas reflexões e pistas sobre a importância da adolescência na Pastoral Catequética. Os capítulos podem ser agrupados segundo o método ver, julgar e agir. Inicialmente traçamos o panorama atual da pastoral com os adolescentes, lançamos um olhar sobre a situação da adolescência e seus desafios, e caracterizamos os elementos psicológicos da catequese na primeira e na segunda adolescência.

O capítulo sobre a importância da Bíblia na catequese, com seus desdobramentos litúrgicos, batismais, eucarísticos e vocacionais, coloca-se como marco doutrinal e referencial para todo o estudo. A Palavra divina é fundamental no discernimento e na busca de caminhos de vida e esperança.

O "agir" engloba o horizonte da prática do catequista; a metodologia da ação catequética, buscando luzes na metodologia de Jesus, especialmente no seu trato com a gente do seu tempo, sobretudo com jovens, adolescentes, mulheres, pobres. Incentiva uma prática pastoral organizada por um planejamento em etapas.

Descobrimos que dois motivos impulsionaram, desde a metade do século passado, o estudo do adolescente no Brasil e na realidade internacional: o aumento populacional na pós-segunda guerra mundial. No nosso país a população juvenil dobrou em quantidade e, ainda hoje, se constata que

---

⁵ CANSI, Frei Bernardo, Vamos conhecer e amar a catequese, p. 102.
⁶ Ibid., p. 102.

a quarta parte da população brasileira é constituída de adolescentes. Outro fator importante tem sido: "A ampliação da faixa etária com características da adolescência".[7] Deve-se levar em conta que esta etapa de vida se inicia por volta dos 11-12 anos e vai até aproximadamente os 21 anos.

Queremos despertar a atenção para a evangelização dos adolescentes das nossas comunidades católicas. É indispensável envolvê-los na caminhada catequética e litúrgica das comunidades; engajá-los nos diversos trabalhos e serviços para o bem da Igreja e da sociedade; despertá-los através desse processo. É urgente formar líderes para a continuidade futura da Pastoral Catequética, tais como assessores e/ou catequistas de adolescentes. O essencial, porém, consiste em levar os adolescentes a conhecerem e a fazerem ricas experiências com Jesus Cristo e de compromisso com sua proposta, pois "não há verdadeira evangelização se o nome, a pessoa, a mensagem, o Reino, o mistério de Jesus de Nazaré, Filho de Deus, não forem anunciados".[8]

---

[7] OSÓRIO, Luiz Carlos, *Adolescente hoje*, p. 13.
[8] EN 22.

Capítulo I

A Pastoral
de Adolescentes

A Pastoral de Adolescentes é um serviço de assessoria e acompanhamento de experiências de jovens e adultos que se dedicam à causa dos adolescentes. Já encontramos experiências na maioria das quais os adolescentes constituem uma pastoral forte que os leva ao compromisso de serem multiplicadores da Palavra e do seguimento de Jesus. É uma etapa da Pastoral da Juventude, uma etapa de iniciação, cujo objetivo é acompanhar meninos e meninas em seu crescimento integral como pessoas.

Temos responsabilidade como Igreja e como família cristã diante do "contexto atual, marcado por mudanças culturais, perda de valores, crise de paradigma, [que] atinge de maneira mais direta os jovens, adolescentes e crianças. A Igreja os prioriza como um importante desafio para o presente e o futuro (SD 30). Durante muito tempo a catequese se limitou à infância, e mesmo assim na preparação imediata da Eucaristia, numa linha quase exclusivamente doutrinária".[1]

Recordou o DNC que a "missão dos pais e da comunidade eclesial é de criar ambiente e dar apoio para que eles caminhem para a maturidade na fé (cf. CR 31). Não se pode imaginar uma catequese com jovens, adolescentes e crianças sem um trabalho específico com os pais... Enquanto a

---

[1] CNBB, *Diretório Nacional de Catequese*. Doc. 84, n. 187.

família não for capaz de contribuir para isso, o catequista e a comunidade têm uma tarefa ainda mais delicada e urgente, a ser desenvolvida com sensibilidade e carinho".[2]

Aspectos comuns

A Pastoral de Adolescentes leva em conta duas etapas de desenvolvimento:

- a que vai dos 11 aos 14 anos; e
- a que se estende dos 15 aos 21 anos.

A Pastoral da Juventude considera como jovem quem está entre 14 e 25 anos. Porém, é aceita a tese de que o adolescente abarca a faixa dos 12 aos 17 anos, não se concebendo que ele esteja, por exemplo, na universidade. Porém, em cada lugar lhe é dada uma denominação particular, tal como: pré-adolescência e adolescência tardia etc.

Na América Latina não existe uma Pastoral de Adolescentes orgânica, pela escassez de agentes para tal. Entretanto, constatamos nela dois aspectos metodológicos comuns:

- a recuperação da experiência do lúdico; e
- o fato de a experiência com adolescentes nascer da comunidade e se orientar para a comunidade.

Essa experiência inicia-se no próprio grupo de catequistas, levando-o a se formar para a vida comunitária. Assim, "o catequista deve viver sua experiência cristã e sua missão dentro de um grupo de catequistas que dará continuidade à formação e oferecerá oportunidades para a oração em comum, a reflexão, a avaliação das tarefas realizadas, o planejamento e a preparação dos trabalhos futuros. Assim, o grupo de catequistas expressa mais visivelmente o caráter comunitário da tarefa catequética".[3]

Há necessidade de uma articulação da Pastoral de Adolescentes com outras instituições, como a Unesco e a Unicef. A Pastoral da Juventude está nesse trabalho por missão.

---

[2] Ibid., n. 188.
[3] Ibid., n. 151.

Nota-se que há diversas formas de vincular a Pastoral da Juventude e a diversidade de propostas da Pastoral de Adolescentes. É preciso, contudo, chegar a um projeto de trabalho sistemático.

Causas desta situação

Dentre as causas que originam o estado atual da Pastoral de Adolescentes na América Latina, podemos distingui--las em três áreas:

- *Na área sociocultural:* constata-se a existência de grande número de adolescentes no Brasil e na América Latina e a necessidade de atendê-los. Vai-se gerando uma mudança de mentalidade com relação aos adolescentes, promovida a partir das próprias bases e fundamentada num menor nível de serviços formativos para eles. "É indispensável a existência de grupos de crianças, de adolescentes e também de jovens, que os preparem, através da oração, fraternidade, atividades transformadoras, para integrar, pouco a pouco, a comunidade maior."[4] Por outro lado, há pouca valorização social para esta etapa da vida; há uma manipulação indiscriminada das idades, elevando-as ou diminuindo-as de acordo com os interesses em questão.

- *Na área eclesiológico-pastoral:* a carência do elemento sacramental como fim deste processo específico incide na baixa motivação daqueles que devem gerar os espaços e os recursos para os adolescentes. "Não se percebeu suficientemente que uma das tarefas essenciais dos pais e da comunidade eclesial é criar ambiente e apoio para que a criança, o adolescente e o jovem caminhem para a maturidade na fé."[5] Cabe lembrar que antes está a Primeira Comunhão e logo será a Crisma; assim, houve um descuido da Igreja em valorizar e atender ao processo dos adoles-

---

[4] CR 135.
[5] CR 131.

centes. Isso gerou uma falta de recursos humanos e materiais para acompanhar esta Pastoral. Mais recentemente, a Pastoral da Juventude abriu espaços de atenção a eles, na chamada Pastoral Juvenil.

- *Na área pedagógica e metodológica* percebe-se que, nas experiências existentes, a Psicologia como ciência deu importantes contribuições a esta Pastoral. Entre tantas questões, citamos o atendimento do adolescente na área da Medicina e Psicologia, que "requer do profissional, além do conhecimento técnico-científico, disponibilidade, flexibilidade, capacidade de interação, reconhecimento dos limites e postura ética que assegure confidencialidade e segurança, condições indispensáveis para o sucesso no relacionamento com o adolescente e sua família".[6] Essas contribuições permitiram caminhar para um comportamento adequado aos adolescentes. Deu-se muita importância ao planejamento e às metodologias adaptadas ao trabalho com eles.

Consequências

Como resultado desse trabalho de Pastoral de Adolescentes na América Latina:

- Há valiosas experiências, mas a maioria delas é isolada ou desarticulada.
- Há carência de recursos humanos e econômicos.
- Falta de amadurecimento e protagonismo dos adolescentes na sociedade e, de modo especial, na Igreja.
- Há uma tomada de consciência na renovação das estruturas de apoio, formação e acompanhamento a esta idade.

"Os jovens e adolescentes constituem a grande maioria da população da América Latina e do Caribe. Representam enorme potencial para o presente e futuro da Igreja e de nossos povos, como discípulos e missionários do Senhor

---

[6] SOUZA, Ronald Pagnoncelli de. *O adolescente do terceiro milênio*, p. 140.

Jesus. Os jovens são sensíveis a descobrir sua vocação a ser amigos e discípulos de Cristo. São chamados a ser "sentinelas do amanhã", comprometendo-se na renovação do mundo à luz do Plano de Deus. Não temem o sacrifício nem a entrega da própria vida, mas sim uma vida sem sentido. Por sua generosidade, são chamados a servir seus irmãos e irmãs, especialmente os mais necessitados, com todo o seu tempo e vida. Têm capacidade de se opor às falsas ilusões de felicidade e aos paraísos enganosos das drogas, do prazer, do álcool e de todas as formas de violência. Em sua procura pelo sentido da vida, são capazes e sensíveis para descobrir o chamado particular que o senhor Jesus lhes faz. Como discípulos missionários, as novas gerações são chamadas a transmitir a seus irmãos e irmãs jovens, sem distinção alguma, a corrente de vida que procede de Cristo e a compartilhá-la em comunidade, construindo a Igreja e a sociedade."[7]

---

[7] *Documento de Aparecida*, n. 443.

Capítulo II

Um olhar sobre a adolescência

A adolescência é uma etapa evolutiva peculiar ao ser humano, em que culmina todo o seu desenvolvimento maturativo biopsicossocial, e deste, dois processos são mobilizadores e desafiadores: a sexualidade e a vocação – exercício fundante da autonomia da vida adulta e suas responsabilidades.

A adolescência é hoje o centro de muitas atenções, especialmente através da mídia, dos lançamentos de produtos, do estilo de linguagem, de música e comportamento. Também percebemos mudanças na aparência exterior: "Numa sociedade que investe muito no mito da beleza e na aparência estética, deixando de lado, portanto, a harmonia interior, acontece que os adolescentes – tão preocupados com as mutações físicas que seu corpo atravessa – sentem tudo isso de modo excessivo, muitas vezes dando demasiada atenção ao aspecto exterior das primeiras decisões sentimentais. Então, o fator estético passa a ser o critério pelo qual se é escolhido e no qual se baseia o sucesso social".[1]

Por isso, não podemos compreender a adolescência estudando separadamente os aspectos biológicos, sociais, culturais, cognitivos, gênero, etnia, econômico, religiosos, sexuais, psíquicos etc. Eles são indissociáveis e é justamente o conjunto de suas características que confere unidade ao fenômeno da adolescência, a qual, portanto, "é um período

---

[1] PELUSO, Ângelo, *Adolescentes*, p. 32.

cheio de conflitos e fortemente crítico devido às profundas mudanças do psiquismo, do relacionamento e fisiológicas".[2]

Por muito tempo a adolescência não existia, ou só aparecia nos rituais de iniciação conhecidos no mundo africano, no mundo indígena, no mundo judeu e em outras culturas e povos. Nestes, tal período é marcado por ritos especiais, chamados "ritos de passagem", assinalando assim o ingresso do adolescente no mundo adulto.

Para nós católicos, a Crisma deveria ser esse rito de entrada do adolescente e/ou jovem na comunidade dos amigos e amigas de Jesus Cristo. Para isso, a época da catequese seria um preparo para a recepção de tal sacramento e ao mesmo tempo para a inserção na vida comunitária. Nesse sentido, os encontros de Perseverança ou dos Adolescentes, redimensionados e renovados, muito ajudam para que eles conheçam mais e melhor a pessoa de Jesus, sua mensagem e missão, e possam, de verdade, fazer a opção por ele.

Até pouco tempo atrás, a adolescência era superficialmente considerada apenas uma etapa de transição entre a infância e a idade adulta. Sua caracterização era feita a partir, sobretudo, de aspectos biológicos que marcam esse momento evolutivo do ser humano. O adolescente, se do sexo masculino, era descrito como um indivíduo desengonçado, em processo de mudança de voz, com uma constelação de espinhas no rosto; se do sexo feminino, uma criatura igualmente desproporcionada, com o torso arqueado para esconder o desabrochar dos seios.

A adolescência é chamada também de "a fase do sanduíche", na qual os adolescentes sentem-se "prensados" entre as contraditórias e exigentes cobranças de ora serem vistos como crianças, ora terem de agir como adultos.

Ocorre aí uma forte tensão que os leva a se agregar em grupos ou classes, agravando os conflitos com pais e adultos. Não se entendendo com os "grandes", eles se fecham no grupo para partilhar afetos, revoltas, anseios e descobertas. Vivenciam uma sensação de "luto pessoal", uma espécie de

---
[2] Ibid., p. 31.

morte do ser criança, e ao mesmo tempo sentem grande insegurança diante do futuro.

Na sociedade em geral, a primeira ideia de adolescente "é associada a pessoas de uma mesma faixa etária, uniformizadas, no uso característico de 'jeans, walkmans e rádios', que adoram namorar, dançar e ouvir música, frequentadores de shopping centers e em busca de independência. A ótica pela qual a sociedade vê, compreende e se relaciona com o adolescente é muitas vezes fruto das ideias disseminadas pelos meios de comunicação, pelas pesquisas e teorias que abordam essa faixa etária. Difundidas socialmente, tais ideias contribuem para criar a forma como é elaborada a representação social da adolescência".[3]

"Segundo o modo de pensar de nossa época, um rapaz de 13 anos ainda é considerado uma criança. Mas em séculos anteriores, e sob condições de vida diferentes das que existem hoje, o processo de maturação das crianças tinha um andamento muito mais rápido. O rapaz de 13 anos, na configuração sóbria e dura do gueto europeu, estava, para todos os efeitos, às portas mesmo da idade adulta. A cerimônia religiosa do 'Bar Mitzvah' era destinada a celebrar essa importante ocasião em que deixava a infância para trás."[4] No mundo judeu, a palavra *bar mitzvah* significa, em hebraico, "filho do mandamento".

Várias religiões do antigo oriente semítico e dos povos primitivos contemporâneos apontam para a condição de maturidade pelo critério biológico, pois, "ao atingir a puberdade, o rapaz era automaticamente considerado homem responsável. Antes, porém, de lhe ser permitido ocupar o lugar a que tinha direito entre seus pares adultos, era obrigado a submeter-se a provas, muitas vezes severas e dolorosas, impostas pelos ritos de iniciação tribal".[5] Ritos semelhantes vemos presentes nas nações indígenas do nosso país, quando da passagem da adolescência para a maturidade, segundo seu costume.

---

[3] SALLES, Leila M. Ferreira, *Adolescência, escola e cotidiano*, p. 15.
[4] AUSUBEL, Nathan, *Conhecimento judaico I*, p. 65.
[5] Ibid., p. 65.

Nas últimas décadas, todavia, a adolescência vem sendo considerada o momento crucial do desenvolvimento do indivíduo, aquele que marca não só a aquisição da imagem corporal definitiva, como também a estruturação final da personalidade. É uma idade não só de características biológicas próprias, mas com uma psicologia e até mesmo com uma sociologia peculiar. Não é sem razão que se afirma que todas as grandes mudanças culturais da história da humanidade ocorrem no limiar entre a adolescência e a idade adulta.

O adolescente não pode ser estudado apenas sob a ótica das modificações que ocorrem em seu corpo. As mudanças são mais profundas e amplas, gerando as angústias básicas da puberdade e da adolescência, nas quais passará por "crises de valores" na transformação de criança em jovem e adulto.

A palavra latina *pubertas, pubertatis*, significa: "sinal de pelos, barba, penugem"; e a palavra latina *adolescens* quer dizer "algo que cresce, que aumenta, que engrossa"! Por isso mesmo, muitos tentam dar explicações da puberdade como tempo de modificações biológicas no ser humano, geralmente no começo da adolescência. Entretanto, puberdade e adolescência precisam ser estudadas em conjunto.

"A puberdade, como a própria etimologia nos sugere, inicia-se com o crescimento dos pelos, particularmente em certas regiões do corpo, tais como as axilas e região pubiana, tanto nos meninos quanto nas meninas, como resultado da ação hormonal que desencadeia o processo puberal; essas e outras modificações corporais que então ocorrem dão-se principalmente a partir do desenvolvimento das gônadas, ou seja, dos testículos nos meninos e dos ovários nas meninas. É esse amadurecimento das células germinativas masculinas e femininas que possibilita o surgimento de dois eventos que auxiliam no advento da puberdade: a menarca ou primeira menstruação na menina, e a primeira ejaculação de esperma do menino, indícios exteriores da capacitação biológica para as funções de procriação. Isso se daria por volta dos 12 aos 15 anos médios."[6]

---
[6] OSÓRIO, *Adolescente hoje*, p. 11.

Quando se inicia e quando termina a adolescência? "Nem sempre o início da adolescência coincide com o da puberdade; tanto pode precedê-la ou sucedê-la. E se o advento da puberdade tem a assinalá-lo evidências físicas bem definidas, o mesmo não ocorre com a adolescência."[7] Precisa-se ter em conta que, apesar de esta etapa de vida se iniciar por volta dos 11-12 anos e ir até aproximadamente os 21 anos, não podemos chamá-la de fase de adolescência, uma vez que ela se divide em puberdade ou pré-adolescência, que vai até os 15-16 anos, e adolescência, que se estabelece dos 16 aos 21 anos.

A partir dos vários estudos realizados, "o fenômeno da *puberdade* é universal e seu início cronológico, em condições de normalidade física, coincide com todos os povos e latitudes, como é o caso dos povos pigmeus, púberes já por volta dos 8 anos de idade, mas que sua expectativa de vida também é menor que no restante da espécie humana. A adolescência, embora sendo fenômeno universal, tem características bastante peculiares, conforme o ambiente sociocultural do indivíduo".[8] Portanto, determinar seu início é tarefa muito complexa e que não pode apoiar-se apenas em certa constância dos elementos psicológicos, todos eles, contudo, apontando um objetivo axial, que é o estabelecimento da identidade pessoal.

Não se pode hoje argumentar o despertar da sexualidade como identificador do desabrochar da adolescência. O psicanalista Freud demonstrou que a sexualidade não surge *ex abrupto* nesse momento da vida, nem tampouco se poderia adotar a indevida generalização que atribui ao surgimento do interesse pelo sexo oposto o elemento nuclear do processo adolescente.[9]

A adolescência é um complexo psicossocial, assentado em uma base biológica, cuja caracterização pode ser expressa pela:

---

[7] Ibid., p. 11.
[8] Ibid., p. 11.
[9] Ibid., p. 12.

- Redefinição da imagem corporal, consubstanciada na perda do corpo infantil e na consequente aquisição do corpo adulto, em particular dos caracteres sexuais secundários.
- Culminação do processo de separação/indivíduo e substituição do vínculo de dependência simbiótica com os pais por relações de autonomia plena.
- Elaboração de lutos referentes à perda da condição infantil.
- Estabelecimentos de uma escala de valores ou código de ética próprio.
- Forte preocupação vocacional e profissional.
- Despertar para questões de cidadania: sociais, políticas e ambientais.
- Reelaboração dos conceitos e conteúdos religiosos adquiridos na infância e família ou pela cultura do grupo referencial.
- Busca de pautas de identificação no grupo de iguais.
- Estabelecimento de um padrão de luta/fuga no relacionamento com a geração precedente.
- Aceitação tácita dos ritos de iniciação como condição para o ingresso à condição de adulto.
- Assunção de funções ou papéis sexuais auto-outorgados, ou seja, consoantes inclinações pessoais independentemente das expectativas familiares e eventualmente até mesmo das imposições biológicas do gênero a que pertence (homossexuais).[10]

Mais tarde, a puberdade estará concluída e, com ela, o crescimento físico e o amadurecimento gonadal (que permite a plena execução das funções reprodutivas), em torno dos 18 anos, coincidindo com a soldadura das cartilagens de conjugação das epífises dos ossos longos, o que determina o fim do crescimento esquelético.

---

[10] Ibid., p. 12.

O término da adolescência, a exemplo de seu início, é bem mais difícil de determinar e novamente obedece a uma série de fatores da natureza sociocultural e cognitiva.

Tentando discriminar quais os elementos universais na atualidade que nos possibilitariam assinalar "o término da adolescência relacionamos o preenchimento das seguintes condições: o estabelecimento de uma identidade sexual e possibilidade de estabelecer relações afetivas estáveis; capacidade de assumir compromissos profissionais e manter-se, ou ter uma independência econômica; aquisição de um sistema de valores pessoais, tendo uma moral própria; relação de reciprocidade com a geração precedente, sobretudo com os pais. Em termos etários, isso ocorreria por volta dos 25 anos na classe média brasileira, com variações para mais ou menos, segundo as condições socioeconômicas da família de origem do adolescente".[11] No entanto, ainda que a análise psicossociológica utilizando critérios socioeconômicos seja fato, empregamos, para efeito didático, a idade de 21 anos como término da adolescência, porquanto tratados clássicos assim o estabelecem.

Nesse período, o jovem supera em certo grau o egocentrismo característico da puberdade e se volta para o mundo externo e o altruísmo. É um período essencialmente social, em que surge a preocupação pelos problemas sociais e políticos que o cercam. Busca também o relacionamento com pessoas novas, sendo capaz de estabelecer contatos de amizade ou relações com o sexo oposto. Nessa fase, o "idealismo" juvenil se manifesta forte, especialmente na busca de mudanças e transformações na sociedade. E há frustrações, porque muitas vezes sua vontade não é bem acolhida pelos adultos. O apoio, porém, é encontrado no grupo de coetâneos.

"O grupo de referência terá uma grande influência na forma de vida da sua juventude, e em especial a adolescência: os amigos podem facilitar ou atrapalhar o desenvolvimento psicológico normal e a integração efetiva na sociedade. Um dos fatores que exercem maior peso no jovem na hora da escolha do grupo é sua relação familiar. Na medida

---

[11] Ibid., pp. 12-13.

em que ela é disfuncional e o jovem se sente impelido em sua necessidade progressiva de autonomia, é provável que o grupo exerça uma força oposta à da família."[12]

É preciso, portanto, que o adolescente e o jovem tenham relações normais de convivência no lar para melhor fazer suas opções, seja em seu grupo, seja na própria vida.

O adolescente é capaz de pensar um projeto de vida concreto e realizável, quando tem definida uma identidade clara e livre de si mesmo. As posturas que assume diante da vida o ajudarão a consolidar tal identidade e uma autoimagem duradoura.

Por outro lado, no tocante à fé, o adolescente enfrenta as questões referentes à conversão, à mudança. O sagrado e suas manifestações metafísicas ocupam lugar de destaque na vida dele; sua busca ao universo religioso leva-o não só à fé dos pais, mas às novas religiões históricas, às seitas, a grupos pentecostais e neopentecostais, filosóficos, espiritualistas e esotéricos. A procura do luminoso expressa seu desejo de ir ao encontro do próprio sentido "filo existencial" e, por último, do seu *self.*

Essas questões geram muita preocupação para a família e os agentes de Pastoral, pois é importante verificar que caminho de conversão os adolescentes estão tomando. Muitos deles têm buscado, ultimamente, grupos cristãos de cunho pentecostal, na Igreja Católica ou fora dela. Ao mesmo tempo que se sentem bem nesses grupos, correm o risco de novas frustrações na fé e de se firmarem como pessoas com uma "fé descomprometida". E, mais dia, menos dia, vão se deparar com o que nos afirma o apóstolo Tiago: "Assim como o corpo sem o espírito é morto, assim também a fé que não se põe em prática é morta".[13]

O processo de conversão séria e comprometida é o que esperamos para quem atua na catequese com adolescentes.

É fundamental recordar que há na sociedade muitos adolescentes e jovens cansados de guerra, mas não da

---

[12] Ibid., p. 19.
[13] Tg 2,26.

luta e ansiosos por uma nova aurora. A mídia tem divulgado testemunhos em que eles criticam o horror econômico desencadeado pela agenda neoliberal do mundo presente; denunciam a globalização financeira que aumentou o empobrecimento, o desemprego, e é uma ameaça ao futuro da humanidade; afirmam que o mundo não é um objeto, que a pessoa humana está sendo mercadoria descartável e que a liberalização total do sistema financeiro aumenta cada dia a especulação financeira perversa; demonstram militante preocupação com as questões ecológicas e ambientais; e revelam profética manifestação diante da estrutura e organização político-social dos governos, partidos e da dinâmica da sociedade. Estes adolescentes e jovens conscientes e engajados nos confirmam que, por mais escura que seja a noite, ela carrega a aurora de um novo dia.

A conversão na adolescência

Na década de 1960, houve grande interesse pelo estudo do fenômeno da "conversão", especialmente por parte dos irmãos reformados. Entre os católicos se deu um movimento a favor da Pastoral Vocacional entre os adolescentes. Consideramos importante levantar esta questão que é básica na catequese para possibilitar a opção pessoal por Jesus.

Entre 14 e 17 anos, o adolescente passaria por uma espécie de crise que o levaria a questionar a prática cristã que lhe fora inculcada. Buscaria caminhos que dessem sentido à própria vida. Essa crise se concluiria numa "conversão", numa atitude na qual as práticas religiosas, antes superficiais, se tornariam pessoais, interiores e fundamentadas numa necessidade e experiência inteiramente individual. A adolescência era considerada a idade propícia para as vocações, daí o florescimento dos seminários, das várias casas de formação. "O jovem chegava à maturidade, escolhia um caminho, uma orientação a dar à própria vida, e podia decidi-la e oferecê-la a Deus, a serviço dos irmãos, nesta ou naquela instituição."[14]

---

[14] OLIVEIRA, Ralfy Mendes. *Vocabulário de pastoral catequética*, p. 9.

É certo que o mundo hoje exige dos cristãos conversão pessoal. O catolicismo de família tradicional, o catolicismo social, não é suficiente. A conversão traz conforto, alívio e mudança de vida. Basta constatar as iniciativas de alguns movimentos de linha mais espiritual na Igreja Católica, e as de muitas Igrejas Protestantes, que propositadamente trabalham a conversão pessoal dos seus novos membros.

A Pastoral precisa levar em conta que a adolescência pode iniciar-se muito cedo, muitas vezes antes do 12 anos; poderá, da mesma forma, encerrar-se muito tarde. Não se trata, portanto, de uma crise momentânea. O que significa que a conversão é um processo longo.

Um estudo feito com adolescentes que buscam a "conversão" mostra que o processo de conversão é algo gradual, lento, e não acontece como alguns imaginam, como transformação instantânea ou mágica. Aliás, na fé cristã, a conversão deve envolver a pessoa inteira, especialmente o afeto, a inteligência e o comportamento, isto é, a vontade. Mas precisa atingir as relações constitutivas do ser humano: consigo, com os outros, com a natureza e com Deus.

Na vida do adolescente e do jovem, a fé deverá passar por três momentos: "A fé não é uma experiência que se realiza no instante privilegiado de uma conversão, mas é o que permite viver em Cristo, numa tríplice relação de paz com Deus, conosco mesmos e com o outro, na vida multidimensional da Igreja".[15]

Ora, isso é mais que exigente ainda com os adolescentes e os jovens, pois ainda estão se estruturando como pessoas e em suas relações. Trabalhando essas dimensões, eles poderão experimentar e viver progressivamente seu encontro com Jesus, com a comunidade de irmãos e consigo mesmos. E depois de se considerarem convertidos, devem ser humildes, pois vão enfrentar problemas cruciais que ameaçam sua fé, dentre eles, as más companhias e o mundo das drogas, que tem gerado muitas mortes e dependência.

---

[15] Ibid., p. 10.

A adolescência e as drogas

O uso das drogas vem desde os primórdios da humanidade. Mas ultimamente tem trazido grandes preocupações para nossa sociedade, pois vem atingindo grande parte da população adolescente e jovem do nosso país. Assim, o texto da CF/2001 denuncia: "A realidade das drogas abala muitos sonhos, transformando-os em pesadelos. O fumo, o álcool, os estimulantes, os tóxicos e entorpecentes estão mais perto de nós do que por vezes suspeitamos ou queremos admitir. Há um enorme exército de produtores, agentes financeiros e traficantes comandando o mundo das drogas. É muito dinheiro em jogo. É muita vida desperdiçada. De nada adianta fugir da realidade. Ao contrário, devemos encará-la de frente para conhecer o drama das drogas em toda sua complexidade e assim nos colocarmos em posição adequada para enfrentá-lo e superá-lo".[16]

O uso de drogas tem levado consigo valores e gerado morte e insegurança: "O uso e o abuso de drogas tem crescido de modo significativo. Cada vez mais diminui a idade do primeiro contato com as drogas. A ajuda clínica tem mostrado o desencanto da população jovem, a mais sacrificada, quando os valores familiares e educacionais não conseguem assumir o papel integrador. Numa sociedade carente de modelos estáveis de identificação, principalmente para a faixa etária em que os valores ainda estão em gestação, instala-se um sentimento de angústia e insegurança. As drogas tornam-se então atraentes, sendo vistas como solução rápida e desejada contra a angústia, embora não alterem a situação real".[17]

A adolescência, como sabemos, é um período de instabilidade emocional e biológica, daí momento especial utilizado para o uso das drogas. Assim: "o último levantamento do CEBRID (Centro Brasileiro de Informações sobre Drogas

---

[16] CNBB, *Campanha da Fraternidade*, 2001, n. 21.
[17] DA COSTA, Ana Carolina L. L.; GONÇALVES, Elizabeth Costa. A sociedade, a escola e a família diante das drogas. In: BUCHER, Richard (Org.). *As drogas e a vida*; uma abordagem psicossocial, pp. 47-54.

Psicotrópicas), realizado em 2004, revela que o percentual de adolescentes que já consumiram drogas (uso na vida)"[18] entre os 10 e 12 anos de idade é altíssimo: 51,2% usaram álcool; 11% usaram tabaco; 7,8%, solventes; 2%, ansiolíticos, e 1,8% já se utilizaram de anfetamínicos nessa faixa etária. Nas dez capitais pesquisadas, cresceu a tendência para o uso frequente de maconha entre crianças e adolescentes. O uso de cocaína e de álcool também aumentou em seis capitais. A situação agrava-se entre as crianças e adolescentes que vivem nas ruas.

Tal realidade desrespeita os direitos reconhecidos no Estatuto da Criança e do Adolescente.[19]

Outra questão enfrentada pelos adolescentes é aquela relacionada ao cigarro, pois "fascina muitos jovens e adolescentes, sendo muitas vezes apresentado pela propaganda como símbolo de status adulto e independente. Felizmente, já há leis que limitam sua propaganda e proíbem o cigarro em alguns ambientes públicos, aviões e ônibus. Sabe-se que, além do câncer de pulmão, muitos outros males são causados pelo fumo, não apenas nos usuários, mas também nas pessoas que, estando perto do fumante, inalam a fumaça sem querer. Também aqui vale sublinhar a importância do afeto e do carinho dos amigos e familiares na hora em que o fumante deseja se livrar do cigarro, o que nem sempre é fácil".[20]

A maconha tem sido uma das drogas mais populares, daí ser o "entorpecente mais comum entre os jovens, sendo consumida também por adultos de todas as camadas sociais. A maconha tem sido considerada a porta de entrada para drogas 'pesadas'. Devido à facilidade de produção, são muitos os pontos de venda da maconha, apesar de seu trá-

---

[18] GALDURÓZ, José Carlos F. Uso na vida; quando a pessoa fez uso de qualquer droga pelo menos uma vez na vida. *IV Levantamento sobre o Uso de Drogas entre Estudantes de 1º e 2º Graus em 10 Capitais Brasileiras* – 1977. São Paulo: Universidade Federal de São Paulo, Escola Paulista de Medicina/Centro Brasileiro de Informações sobre Drogas Psicotrópicas (CEBRID), 1997. p. 127.
[19] CNBB, *Campanha da Fraternidade*, n. 51.
[20] Ibid., n. 53.

fico e seu porte constituírem transgressão penal. Seu uso por tempo prolongado torna a pessoa apática e, no limite, incapaz de um trabalho produtivo".[21]

A cocaína é outra droga muito usada no meio juvenil no mundo inteiro, geradora de muitas mortes. "A palavra 'droga' está hoje associada principalmente à cocaína e ao crime organizado em torno de seu tráfico em âmbito mundial. Comercializada em forma de pó branco, é mais usada por adultos que por jovens. Normalmente, o pó é aspirado, podendo também ser injetado na veia, uma vez diluído em água. Há quem fume a pasta da coca, produto grosseiro extraído de folhas tratadas com solventes como querosene, gasolina, ácido sulfúrico ou metanol. Seu uso aumenta a pressão arterial e provoca taquicardia. Em casos extremos, pode causar parada cardíaca."[22]

Outras formas de drogadição surgem como flagelo da juventude. Nas classes mais desfavorecidas, o "crack" é a droga mais consumida, e já nas classes médias e altas o "ecstasy" tem consumo estimulado pelas "raves" e "baladas". No entanto, a drogadição alcoólica é sem sombra de dúvida o maior desafio a ser superado junto à juventude.

Muitos adolescentes e jovens enfrentam os perigos das drogas injetáveis, que têm gerado milhares de mortes no mundo todo: "As drogas injetáveis (no Brasil, a cocaína; noutros países, também a heroína) estão entre as mais mortíferas para seus usuários porque, além de seus riscos intrínsecos, favorecem a transmissão do vírus HIV (Aids), já que seu consumo costuma ser feito em grupo. O resultado da injeção intravenosa provoca um prazer intenso, porém mais passageiro do que a aspiração nasal, o que aumenta a 'fissura' e, consequentemente, leva a um consumo fora de controle. Seus efeitos sobre a pessoa são arrasadores".[23]

Na comunidade, é necessário cada vez mais esclarecimento para os adolescentes, jovens e, especialmente, os pais.

---

[21] Ibid., n. 54.
[22] Ibid., n. 55.
[23] Ibid., n. 57.

Para os usuários, é fundamental a participação em grupos de autoajuda, tais como: alcoólicos anônimos ou narcóticos anônimos; e ainda outras ações terapêuticas em casos mais graves. Em caso de intoxicação aguda, a internação deverá ser a saída mais urgente para desintoxicação, seguida de tratamento apropriado.

Em termos catequéticos é importante levar em conta: por que aquela pessoa está consumindo determinada droga? Qual é a sua maneira de pensar? O que está buscando? É bom considerar o seu universo, sua história pessoal, o tipo de educação que recebeu; perceber os seus limites e o seu modo de sentir e ver a vida.

Devemos evitar rotular ou discriminar o usuário de drogas e, ainda, não julgar nem condená-lo, mas compreendê-lo e criar condições favoráveis para ajudá-lo a se libertar de tal dependência.

Todos precisam de orientação, apoio psicossocial e clínico e oração: dependentes e familiares. O amor, a solidariedade, o carinho e a ternura são indispensáveis. A firmeza deve estar de mãos dadas com o amor, para que ela não se transforme em camisa de força. Em nome do amor, tentar entender as razões de cada pessoa, amando como Jesus amou. É gratificante recordar o mais importante "sim" que um adolescente pode dar: é a "força da vida que todo jovem traz dentro de si, sempre será seu escudo e seu apoio para enfrentar a rebeldia sem causa, a preguiça e a alienação".[24]

As famílias

Nos grandes centros urbanos, um fator determinante está na origem das famílias. Muitos são migrantes, vindos de várias partes do país, outros tantos imigrantes de países vizinhos e de outros continentes. Muitos enfrentam "salário insuficiente, exigindo horas extras em prejuízo da convivência com a família; insegurança, cansaço e nervosismo resultantes da forte pressão psicológica existente na socie-

---

[24] CANO, Betuel, Ética: arte de viver, p. 42.

dade materialista, altamente competitiva e exigente; busca sempre crescente de melhor padrão de vida, induzida e incentivada pelos métodos de propaganda da sociedade de consumo".[25]

Muitos vivem em condições econômicas precárias (metade das muitas famílias que moram na periferia tem renda mínima que não ultrapassa a dois salários mínimos). Essas questões de nível social, de marginalização de tantos pobres, trazem consigo vários problemas para os filhos, que muitas vezes não recebem a devida atenção dos pais, nem valores humanos e cristãos. Grande parte deles nasce na carência e vive desorientado.

Antigamente as pessoas eram mais ligadas às famílias por laços afetivos. Muitos desses laços hoje estão soltos e alguns pais não acompanham o crescimento dos filhos e as transformações do mundo moderno, nem sabem situar-se diante deles e no lugar deles, faltando diálogo familiar e até enfrentamentos. Assim, a família acaba tendo "a convivência prejudicada pela ausência dos pais, solicitada pelo trabalho excessivo ou por obrigações sociais".[26] Mas a maioria, na verdade, não foi preparada para dialogar com os filhos nessas etapas conflituosas da vida, e muitos adolescentes iniciam esse importante período de transformação sem o apoio de pais e educadores, não raro devido à "insegurança crescente dos pais perante o mundo em mutação e a permissividade dos costumes".[27]

Assim, muitos adolescentes acabam se afastando de suas famílias, vivendo menos em casa e buscando modelos externos de vida, correndo sério risco de perderem-se no mundo das drogas e do crime. Então, acumulam-se conflitos, tensões e problemas: falta acolhida, carinho, diálogo; sobram atritos, desconfortos, silêncios. Muitas enfrentam "a interferência de parentes, choque de concepções tradicionais dos mais velhos (tios, pais, avós) com os pais".[28] Es-

---

[25] CNBB, *A família, mudança e caminhos*, Doc. 7, p. 23.
[26] Ibid., p. 24.
[27] Ibid.
[28] Ibid.

sas experiências familiares podem marcar para sempre a existência das pessoas. Desse modo, será indispensável um ambiente de amor, acolhida e valorização dos adolescentes, para que eles possam crescer e desenvolver-se com o apoio e a presença familiar e escolar.

Sem contar o fenômeno pós-moderno da família monoparental, ou seja, que não segue o padrão de família tradicional: pai–mãe–filhos, mas que com frequência tem apenas a mulher como referência e mantenedora do lar, no papel de mãe e/ou avó.

Outro comportamento social recorrente é o de alguns casais que optam por morar junto sem compromisso algum com a organização e constituição da família. Tal atitude, por vezes, é resultado de uma negação da família original repressora, da falência do casamento dos pais, o qual dizem não desejar reproduzir, ou da descrença no casamento tradicional – Igreja e cartório cível.

Mas todas essas dificuldades não nos devem desanimar. Ao contrário, precisamos aprender a superá-las e ir adiante. O documento da CR nos adverte: "A força do Matrimônio e de outros sacramentos, a força de uma forte espiritualidade conjugal e familiar e o apoio da comunidade cristã ajudam o casal e a família a superarem, na fé, as várias situações de conflito, de dificuldades na educação dos filhos, de tentações de outros tipos".[29]

Vemos, portanto, que a família não está isolada: ela deverá contar com o apoio da comunidade cristã, que a auxiliará em diversos desafios enfrentados no universo familiar, comunitário e, sempre que possível, no âmbito maior: a sociedade. Ela "deve criar condições para a corresponsabilidade de todos os seus membros. Fruto do companheirismo, da paridade e da gratuidade no amor, através de uma convivência pessoal mais criativa e dinâmica e tendo uma presença mais marcante na sociedade, para a qual está sempre aberta".[30]

---

[29] CR 263.
[30] CNBB, *A família, mudança e caminhos*, Doc. 7, p. 20.

A experiência de Deus, em comunidade, alimenta-se em dois pontos fundamentais: comunidade e solidariedade em contraposição ao anonimato e à solidão da cidade. Isso significa que as comunidades devam pensar em catequese familiar como um processo de iniciação à fé e à vida comunitária. Faz-se urgente recordar a responsabilidade dos pais na educação cristã das crianças e adolescente: "Quem, de fato, deu-lhe a vida, enriquecendo-a com o dom do Batismo, tem o dever de alimentá-la em sua continuidade".[31]

Diante disso vemos a importância da "catequese familiar, que é de certo modo insubstituível, antes de tudo, pelo ambiente positivo e acolhedor, persuasivo pelo exemplo dos adultos e pela primeira explícita sensibilização e prática da fé".[32] Assim, todos os responsáveis pela catequese devem ter grande sensibilidade e carinho diante do mundo dos adolescentes.

O *Diretório Geral para a Catequese* nos faz um alerta nesse sentido: "Deve-se estar atento à importância de dois lugares educativos: a família e a escola. A Catequese Familiar é, de certo modo, insubstituível, antes de tudo, pelo ambiente positivo e acolhedor, persuasivo pelo exemplo dos adultos e pela primeira explícita sensibilização e prática da fé".[33]

A catequese, portanto, deve ser iniciada na família, tendo como primeiros responsáveis os pais. Mas ela é também continuada na escola e na comunidade, onde ocorrerão outros espaços de semeadura e crescimento da Palavra de Deus e das orientações próprias da catequese. Mas como falar a esses adolescentes?

Tudo isso requer uma catequese voltada a esses adolescentes. Para tanto será preciso que "mantenham uma colaboração da parte dos genitores e também com os professores da escola, segundo as oportunidades oferecidas pelo contexto".[34] Na escola católica, os pais e os educadores no

---

[31] DGC 177.
[32] DGC 178 e DNC 188.
[33] DGC 178.
[34] DGC 179, apud DCG 79.

Ensino Fundamental e Médio, através da Pastoral da Educação, devem tomar consciência da missão catequética e, assim, darem sua contribuição na edificação da Igreja viva. Recorda-se também que, atuando na catequese com pais e educadores, estaremos lançando as bases para uma Catequese de Iniciação com Adultos.[35]

Também na família cristã, sendo essa uma Igreja doméstica, "somos chamados à primeira experiência de comunhão de fé, no amor e no serviço ao próximo. Pela força libertadora do Evangelho, a família cristã torna-se escola do mais rico humanismo".[36] É na família cristã que o adolescente fará sua primeira experiência com o Deus-Amor. Essa família é chamada, por sua vez, a ser testemunha dessa experiência de comunhão de fé e de amor no mundo. Daí a necessidade de olharmos o universo da fé dos nossos catequizandos.

O mundo da fé

No período de iniciação à Eucaristia, temos a impressão de que a criança e o pré-adolescente parecem piedosos e participativos. Contudo, muitos acabam se afastando por vários motivos: busca de uma religião mais individualista que comunitária, mais emotiva que racional; participação na Igreja apenas quando possuem alguma responsabilidade ou fazem parte de algum grupo da comunidade.

Olhando o mundo da fé, deparamos com o adolescente que passa por uma onda de crises, tais como: crise do "chutar" tudo; crise do afastamento da religião, do dizer "não acredito"; crise gerada pelo fanatismo religioso ou por fundamentalismos; crise no campo dos que buscam experiências no espiritismo, nos novos movimentos religiosos (seitas), e até os que procuram compensação nos cultos satânicos; e, por fim, crise com a sociedade.

---

[35] Consultar com proveito: NÚCLEO DE CATEQUESE MARISTA. *A catequese na escola*. São Paulo: Paulinas, 2010.
[36] CR 260.

O adolescente por si só vive o confronto de certos valores na família e na sociedade. Não será diferente no mundo da fé, no qual se vê desafiado por normas morais, mandamentos, autoridade, e a religião aparece como limitação da sua liberdade. Sente a tentação de largar para trás muitas práticas, consideradas agora infantis.

Nessa fase da pré-adolescência, todos os valores e limites são testados. Ao deixar o mundo infantil e adentrar na adolescência, o indivíduo é jogado no universo adulto, e dele são requeridos atitudes e comportamentos para os quais ainda não está preparado. A resposta imediata a este conflito é a "rebeldia", que hoje descamba para a violência desmedida. Tal passagem é capital para sua definição pessoal, com seus desdobramentos em sua vida adulta – em todos os campos da dimensão humana.

Presenciamos hoje a "influência dispersiva e desorientada dos meios de comunicação no ambiente do lar, prejudicando o diálogo e afetando a convivência familiar".[37] Vemos que não bastam as normas religiosas externas. É indispensável que as pessoas tenham princípios e convicções cristãs e éticas, conheçam os verdadeiros valores e não sejam manipuladas por tantos meios.

As expressões de fé do adolescente dependem das manifestações interiores de como ele reage às manifestações da mensagem cristã: reação de acolhida ou até de resistência momentânea. "Mas as disposições normais do adolescente se caracterizam, sobretudo, por uma exuberância da vitalidade natural num tríplice campo: influências instrutivas, exercício da inteligência crítica e tendência para o transcendente não ainda definido."[38]

Aqui vemos a importância de uma comunidade que acolha esse adolescente, mas que ele possa também estar se engajando no seio dessa mesma comunidade, para um compromisso real e fiel. A partir da busca do seu universo, de suas descobertas, tendências e valores, o adolescente en-

---

[37] CNBB, *A família, mudança e caminhos*, Doc. 7, p. 24.
[38] OLIVEIRA, *Vocabulário de pastoral catequética*, p. 8.

contrará interesse pelo religioso. Assim o documento da CR nos orienta: "Pelo Batismo e Crisma, cada cristão assume sua fé, sua participação na comunidade, seu engajamento na transformação da sociedade no amor e na esperança".[39] É missão da comunidade despertar esse interesse religioso nos adolescentes e jovens, e acompanhá-los no processo catequético.

As interferências, por sua vez, poderão se apresentar de três maneiras:

a) uma oposição entre a exterioridade da religião e a exterioridade do adolescente. As práticas religiosas comunitárias, em especial a missa, parecerão algo imposto de fora, não respondendo ao seu interior;

b) um ecletismo equívoco diante da interioridade da religião. O adolescente escolhe na religião os aspectos em que vê a realização de suas naturais aspirações; e

c) uma experiência de fracasso que convida à conversão, aparecendo nas relações da vida humana e até no plano religioso, tais como ele havia concebido até então. Enfrentará fracassos? Sim. Só depois da "grande adolescência" (16 a 21 anos, aproximadamente) é que a experiência alcançará seu verdadeiro valor existencial.

Daí a importância do catequista como formador ou educador do adolescente para equilibrar formação religiosa com os fatos históricos e com ação de Deus na vida da comunidade dos seguidores de Jesus Cristo. Assim, Puebla nos recorda mostrando o florescimento da ação catequética que traz ricas experiências, tais como o valor do encontro da pessoa com esse Deus que liberta: é preciso "um esforço sincero para integrar a vida com a fé, a história humana com a história da salvação, a história humana com a doutrina revelada, a fim de que o homem consiga a sua libertação".[40]

Vivemos numa sociedade "marcada pelos ateísmos práticos e teórico-militantes, por diversos tipos de neopaganis-

---

[39] CR 257.
[40] CELAM, Conclusões da Conferência de Puebla, n. 979.

mos, pelas formas fanáticas e secularistas de religiosidade de origem recente e pelo indiferentismo religioso, [a qual] precisará de um tipo de catequese que, além de uma sólida fundamentação da fé, seja capaz de ajudar o cristão a converter-se e a comprometer-se no seio de uma comunidade cristã para a transformação do mundo".[41]

Por isso a necessidade de nos preocuparmos com um modelo de catequese que atinja a vida e o coração do adolescente, para que possa se sentir acolhido como membro da comunidade cristã, sendo um agente de transformação da sociedade.

Por outro lado, as pessoas estão buscando uma experiência forte de religião que lhes toque o coração; não se mede mais a religião pela verdade objetiva que ela tem, mas pelo resultado da experiência. "Esta Igreja mexeu comigo", como dizem alguns. Daí as Igrejas chamadas eletrônicas ou mesmo os estilos e práticas cristãs espiritualistas que levam as pessoas a certos êxtases espirituais, mas não falam ao coração nem à realidade delas; não vão ao fundo do poço buscar a água viva, como vemos no episódio do encontro de Jesus com a "mulher samaritana".[42]

Diante disso, *a experiência no campo da fé* deve alicerçar a vida segundo o projeto de Deus, pois "a fé cristã é nossa resposta livre e pessoal à Palavra de Deus, que nos interpela em Jesus Cristo; a obediência da fé é a nossa total adesão à vontade de Deus. Pela fé colocamos o fundamento último de nossa existência em Deus".[43] Nesse campo com o adolescente, o catequista é chamado a cuidar para que o catequizando tenha uma fé viva e atuante, não infantilizada, mas clara e comprometida, de acordo, é claro, com o momento presente em que vive.

É importante recordar que "a aceitação e o seguimento de Jesus são uma opção profundamente pessoal. Ao mesmo tempo porque a pessoa se realiza no relacionamento e no

---

[41] CR 19.
[42] Cf. Jo 4,4-42.
[43] CR 246.

amor, o seguimento realiza-se na comunidade fraterna".[44] A fé, nascida da Igreja, levará o adolescente a fazer o seguimento de Jesus na mesma comunidade eclesial. Diante dos desafios no campo da fé, iremos perceber quem realmente necessita de catequese: somente determinados grupos de catequese – crianças ou adultos?

Na infância, seja na Igreja, seja na escola, seja em diversos lugares, as crianças irão passar por uma catequese na linha da comunidade, introduzindo-a na vida da Igreja, onde recebe uma preparação imediata para os sacramentos; uma catequese didática visando ao testemunho da fé, a qual não poderá ser fragmentária ou até desencarnada da realidade, mas que dê sentido aos sacramentos, levando os catequizandos à alegria de ser testemunhas de Cristo na realidade em que vivem.

O tempo da puberdade e da adolescência será um período longo e arriscado, mas acima de tudo: "[...] tempo de descoberta de si mesmo e do próprio interior, o tempo dos planos generosos, o tempo do desabrochar do sentimento do amor, com os impulsos biológicos da sexualidade, o tempo do desejo de estar junto com os outros, tempo de uma alegria particularmente intensa, ligada a uma inebriante descoberta da vida".[45]

Tempos tantos quanto forem necessários para que o adolescente descubra-se como alguém importante no processo do desenvolvimento da humanidade.

Mas nem sempre ele recebe o apoio de que necessita, nem sempre encontra respostas às suas indagações mais profundas, e acaba por "debruçar-se sobre si mesmo, fechando-se; é a idade, por vezes, dos primeiros fracassos e das primeiras amarguras. A catequese não poderá ignorar tais aspectos facilmente variáveis deste delicado período de vida. Uma catequese capaz de levar o adolescente a uma revisão de sua própria vida e ao diálogo, uma catequese que não ignore seus grandes problemas – o dom de si, a crença,

---

[44] CR 65.
[45] CT 38.

o amor e a sua mediação que é a sua sexualidade – poderá ser decisiva".[46]

Assim, a catequese nos desafia a conhecer os diversos aspectos da vida do adolescente, para assim poder ajudá-lo a realizar-se em suas indagações, questionamentos e problemas.

Precisamos ainda anunciar Jesus a partir da sua Paixão, Morte e Ressurreição, para que o adolescente, nessa ótica, possa descobrir o rosto de Jesus no mundo e em sua vida: "[...] como encarnação do único Deus verdadeiro e como possibilidade de unir entre si os homens: tudo isso poderá proporcionar uma autêntica educação da fé. Mas hão de ser, sobretudo, os mistérios da Paixão e Morte de Jesus, aos quais São Paulo atribui os méritos da sua gloriosa Ressurreição, que poderão dizer muito à consciência e ao coração dos adolescentes e projetar luz sobre os seus primeiros sofrimentos e saber os do mundo que eles estão descobrindo".[47]

A juventude será o tempo das grandes decisões, e os jovens passarão a assumir o próprio destino de modo mais frequente e determinado. "Nessa fase será preciso uma catequese que denuncie o egoísmo apelando para a generosidade, que apresente, sem simplismo e sem esquematismos ilusórios, o sentido cristão do trabalho, do bem comum, da justiça e da caridade; uma catequese da paz entre as nações e da dignidade humana, do desenvolvimento e da libertação, tais como essas coisas são apresentadas nos documentos recentes da Igreja."[48]

Recordamos a fase da juventude porque, muitas vezes, está "misturada" nos grupos de adolescentes e jovens das comunidades. Daí a necessidade de conhecermos esses dois campos para podermos atuar com diferentes pessoas e conhecer as implicações e a importância desses âmbitos de

---

[46] CT 38.
[47] CT 38
[48] CT 39.

evangelização, assim como nos recordou o documento *Catechesi Tradendae*.

E as pessoas com deficiência?

Excepcionais, pessoas com deficiências... Não temos palavras adequadas para designar pessoas que experimentam maiores dificuldades para integrar-se na sociedade, com deficiências sensoriais, intelectuais ou físicas.

A palavra mais aceitável para classificá-las vem do inglês: "Handicap". Atualmente, esta expressão é assumida pela maioria dos países e pelos organismos internacionais que se preocupam com a integração social dos deficientes. Seria uma abreviação de "Hand in Cap", "mão no capuz". O termo vem do esporte, dos torneios de cavalos, quando os melhores cavaleiros colocavam a mão dentro de um capuz para participar dos jogos de habilidade. Era uma prova da superioridade do jogador perante as dificuldades do jogo, uma vez que, mesmo com a mão no capuz, conseguia superar os obstáculos, sendo uma marca positiva para ele. Desse modo, uma pessoa "handicap" é uma vencedora, que sabe superar as dificuldades da vida mesmo com limitações!

O documento *Catechesi Tradendae* nos adverte: "Eles têm o direito, como os outros seus coetâneos, de conhecer os 'mistérios da fé'. As dificuldades maiores que encontram tornam também mais meritórios os seus esforços e os de seus educadores".[49] Ao mesmo tempo encoraja: "é motivo de regozijo verificar que organismos católicos que se dedicam especialmente aos jovens deficientes, quiseram trazer ao Sínodo a contribuição de sua experiência neste campo e do Sínodo vieram buscar um novo estímulo para melhor enfrentar este importante problema. Tais organismos merecem ser vivamente encorajados nesta sua preocupação de procura".[50]

---

[49] CT 41.
[50] CT 41.

O *Diretório Nacional de Catequese*, ao tratar das pessoas com deficiências, diz: "É grande, em nosso país, a quantidade de pessoas com deficiências. Elas têm o mesmo direito à catequese, à vida comunitária e sacramental".[51] "Há algumas pessoas que têm necessidades específicas. Estas também precisam ser acolhidas na catequese. Deve-se oferecer uma catequese apropriada em seus recursos e conteúdos, sem reducionismos e simplismo que apontem para um descrédito das capacidades da pessoa com deficiência" (n. 203). "É necessário levar em consideração as descobertas e avanços das ciências humanas e pedagógicas e assumir a pedagogia do próprio Jesus, que privilegiou os cegos, mudos, surdos, coxos, aleijados" (n. 206).

Por outro lado, trabalhar na catequese com deficientes exige algumas pistas que não podem faltar na pedagogia do catequista: "Toda comunidade cristã considera como pessoas prediletas do Senhor aquelas que, particularmente entre as crianças, sofrem de qualquer tipo de deficiência física e mental e de outras formas de dificuldades. Uma maior consciência social e eclesial e os inegáveis progressos da pedagogia especial fazem com que a família e outros lugares de formação possam hoje oferecer, a essas pessoas, uma adequada catequese, à qual têm direito, como batizadas, e se não batizadas, como chamadas à salvação. O amor do Pai para com estes filhos mais frágeis e a contínua presença de Jesus com o seu Espírito nos dão a confiante certeza de que toda pessoa, por mais limitada que seja, é capaz de crescer em santidade".[52]

De nossa parte, é preciso estarmos abertos ao trabalho com os deficientes, por conta: das características da diferença; da maneira cultural de ele construir-se em seu espaço social; dos modelos de comunicação que lhes são próprios; da sua adequação psicológica; da relação parental; dos níveis de consciência moral; da relação com o sobrenatural e do ser batizado e filho de Deus.

---

[51] DNC 202.
[52] DCG 189.

Nesse campo é imprescindível agentes cada vez mais preparados e abnegados para desenvolverem esse ministério catequético. Também é urgente unir esforços com outras entidades e grupos que trabalham com essas pessoas. Que os catequistas dessa área devam contar com especialistas e bibliografia referente a esse assunto para levar adiante tal missão com coragem e determinação.

Os responsáveis por esta catequese, inseridos nas comissões diocesanas de catequese, são os principais colaboradores do bispo e dinamizam essa importante ação pastoral. Assim, junto do bispo, da equipe diocesana, "a família desempenha papel fundamental, pois é nela que ocorre a primeira experiência de comunidade e onde a pessoa deveria receber o primeiro anúncio do mistério da Salvação".[53]

Muitas comunidades têm assumido essa porção do Povo de Deus, e adaptado sua palavra e seus gestos ao nível da compreensão deles. Os resultados são promissores, quando a comunidade é preparada para tomar consciência e participar dessa tarefa pastoral.

Para tanto é essencial: descobrir as famílias com essas características; conscientizar a comunidade acerca de sua missão; proporcionar celebrações com essa finalidade, envolvendo a todos – comunidade, família e deficientes – com comprometimento, colaboração e ajuda. Agindo dessa forma veremos florescer uma nova maneira de catequizar, com: "uma educação baseada no sentido construtivo da pessoa e da comunidade, numa visão cristã",[54] capaz de gerar novos colaboradores, defensores da vida e da dignidade humana.

Será importante um conhecimento dos métodos e recursos especiais para atuar nesse campo, para não chegarmos a experiências infrutíferas que prejudiquem o catequizando e sua família. Isso será solucionado com a difusão de normas pastorais e diocesanas com precisas orientações metodológicas e litúrgicas.

---

[53] DNC 205.
[54] CELAM, Conclusões da Conferência de Puebla, n. 982.

Os adolescentes e jovens sem apoio religioso

Em nosso país hoje, é comum ver nas famílias pessoas de diversas crenças e religiões. Isso vem se tornando um desafio. Primeiramente porque deveremos preparar pessoas para o diálogo com as igrejas cristãs e também com as outras religiões.

Depois, é necessário um olhar carinhoso "para crianças, adolescentes e jovens, cada vez mais numerosos, nascidos e educados em lar não cristão ou pelo menos não praticante, os quais estão desejosos de conhecer a fé cristã. Deve-se fazer o possível para lhes proporcionar uma catequese adaptada, a fim de eles poderem crescer na fé e vivê-la progressivamente, malgrado a falta de apoio, ou talvez mesmo malgrado a oposição encontrada no seu meio ambiente".[55]

Outro desafio é a criança e o adolescente sem família, faltando assim um adequado amparo religioso. Muitos não frequentam escola nem são batizados. Nesse sentido, "cabe à comunidade cristã ocupar-se deles, mediante um generoso, competente e realista serviço de suplência, buscando o diálogo com as famílias, propondo formas educativas escolares apropriadas, criando uma catequese proporcional às possibilidades concretas das crianças".[56]

---

[55] CT 42.
[56] DGC 180.

Capítulo III

Primeira etapa da adolescência

Como vimos antes, adolescência é o período de transição da infância para a idade adulta. Possui como características dominantes: a transição anatômica e fisiológica, transição intelectual e transição social.

Os estudiosos descrevem a pré-adolescência como o período que vai aproximadamente dos 11 aos 14 anos. É assim denominado porque nele ocorrem as primeiras transformações anatômicas e fisiológicas. Mas, psicologicamente, este tempo é marcado pela introspecção, tanto nos meninos como nas meninas. Eles não compreendem bem o que está acontecendo, surgindo várias dúvidas e questionamentos. E não tendo clareza sobre o que experimentam, acabam ficando inibidos ou partem para a rebeldia, chegando até mesmo a atitudes violentas.

Alberastury e Knobel propõem a chamada "síndrome da adolescência normal" para descrever os diversos comportamentos, tais como: "sensação de impotência diante de novas dificuldades, tendência grupal, necessidade de fantasiar, crises religiosas (variam do ateísmo absoluto à crença fervorosa), deslocalização temporal (urgência para coisas menos importantes e descaso para coisas que exigem rigorosa observação), evolução sexual manifesta, atitude social reivindicatória, contradições sucessivas nas manifestações da conduta, separação progressiva dos pais, constantes influtuações do humor e do ânimo (lutos e perdas próprias dessa fase)".[1] São muitas as suas rebeldias, as suas tentativas no modo de ser, agir e interagir.

Com o despertar da razão crítica, da vontade e da sede de liberdade, os adolescentes não aceitam imposições de ideias, de comportamentos, de responsabilidades, nem as cobranças, fugindo de explicações e do diálogo franco. Devemos recordar que nessa fase se acentua a lei que diz: toda ação leva a uma reação. Eles reagem a tudo, mostrando vontade própria. Urge a necessidade do diálogo honesto e abertura por parte dos pais, responsáveis e educadores. "É uma fase de transição difícil, porque a pessoa não é mais criança nem já é adulto; é como encontrar uma ponte suspensa e sentir que nenhum dos lados é atingível: um porque já é passado e o outro, porque ainda não se tornou presente. É uma época de crises e conflitos, porque falta a segurança do que antes estava estabelecido, do que era conhecido."[2]

Aspectos psicológicos

As mudanças hormonais e físicas que ocorrem nessa fase influenciam diretamente as emoções. É a idade do aguçamento da curiosidade. E automaticamente, surgem os interesses pelos assuntos relacionados ao sexo em si, pelo sexo oposto, pelas drogas, pelo namoro, pelas doenças sexualmente transmissíveis etc. "Por isso é que nessa etapa do despertar da sexualidade e das transformações no corpo, também ocorrem mudanças nas relações sexuais. Formam-se grupos, turmas, tribos que procuram apoio mútuo e sentido de pertença usando a mesma linguagem, roupas, adereços e formas de comportamento. Mas todos os agrupamentos de adolescentes têm em comum o receio de chegarem sozinhos à idade adulta."[3]

---

[1] SOUZA, O adolescente do terceiro milênio, p. 17.
[2] CANO, Ética: arte de viver, p. 28.
[3] Ibid., p. 28.

Este turbilhão de temas e interesses ocupa razão, coração e tempo. Em função disso, geralmente ocorre desinteresse pelos estudos. A atenção do adolescente está voltada para os seus conflitos e curiosidades. Como consequência há um déficit de atenção e concentração nos estudos.

Por outro lado algumas ideias falsas acabaram ficando generalizadas na sociedade. Diz-se, por exemplo, que o adolescente é despreocupado com o futuro, é irresponsável, só quer viver a vida e desfrutar da liberdade e da autoafirmação comportamental, e que a adolescência é a época das irresponsabilidades.

Mas quando consultados, eles são firmes em dizer que a falta de limites e a despreocupação com o futuro incentivam a irresponsabilidade, o uso de drogas e a liberação sexual. Mostram-se preocupados com o seu futuro pessoal e acreditam no estudo e no trabalho como fatores importantes para realizarem seus sonhos e expectativas de emprego, estudo e profissão, que podem garantir situação financeira estável e expectativa de vida promissora.

Um fator a ser seriamente considerado na adolescência é a mudança da capacidade intelectual. "Paralelamente às modificações físicas, há avanços intelectuais, permitindo ao indivíduo um aperfeiçoamento da capacidade de pensar de forma abstrata, fazer diferenciações mais precisas, captar incompatibilidades básicas a respeito das diferenças superficiais, reter na mente com firmeza várias sequências de causa e efeito e usar os conceitos como recursos de manipulação."[4] O adolescente desenvolve o raciocínio hipotético-dedutivo e simbólico. Levanta hipóteses e deduz consequências. Consegue imaginar realidades diferentes e planejar situações futuras. Para ele, o futuro imaginário lhe aparece algo palpável, factível. Com imaginação sonhadora, é muito mais criativo, cheio de senso de humor, curtindo muito as conversas e debates em várias áreas, sobretudo, no campo literário e artístico.

---

[4] SOUZA, *O adolescente do terceiro milênio*, p. 15.

A sexualidade é muito complexa para os adolescentes, apesar da onda liberal da sociedade. Em geral eles querem tratar o assunto com seriedade e franqueza, e questionam a liberação dos costumes, afirmando que pessoalmente procuram ter uma atitude diferente do que se propala na mídia. A preocupação maior é por compreender a sexualidade. Constatou-se que "a sexualidade apresenta diferentes manifestações de acordo com as etapas evolutivas da adolescência, e o processo de separação-individuação dos pais se aperfeiçoa na medida em que o adolescente se aproxima da maturidade".[5] E são poucos os pais, educadores e agentes de Pastoral que sabem disso e que, portanto, têm como ajudar os adolescentes nas questões relacionadas com a sexualidade e a genitalidade.

A relação adulto e adolescente manifesta facilmente o conflito de gerações. Comparando como viveram a adolescência com o que hoje acontece, muitos adultos ficam perplexos. Para eles, o adolescente não tem perspectiva nem objetivo, é irresponsável, não aceita regras, é despreocupado com o futuro, com o estudo, o trabalho, é desinformado, liberado, consumista e apolítico. Muitos adultos tiveram na adolescência pais rigorosos, que impunham horários e definiam os lugares para ser frequentados. E eram vigiados. Hoje essas relações de pais e filhos mudaram muito, mas os pais estão insatisfeitos com os resultados.

Muitos já não querem impor tantos limites, como antigamente. Procuram o caminho do diálogo e sabem que as exigências devem ser explicadas e as decisões tomadas de comum acordo, mas estão inseguros. Os adolescentes, por sua vez, reclamam que muitos pais não cobram dos filhos, não impõem limites e não ensinam o juízo de valores para o discernimento entre o certo ou o errado. Eles não querem imposição, mas sim critérios, pois "precisam da compreensão dos adultos para fazer experiências com diversas formas de relacionamento e para testarem diferentes maneiras de se posicionar diante das mesmas pessoas".[6]

---

[5] Ibid., pp. 15-16.
[6] CANO, Ética: arte de viver, p. 28.

É fundamental investir no processo de diálogo educativo para ajudar, assim, o adolescente a assumir seu itinerário rumo à maturidade. Na verdade, "o adolescente que a cada passo dessa etapa está aprendendo a ser adulto, é como tal, responsável pelos seus próprios atos. Deve estar disposto a assumir com responsabilidades com ânimo, otimismo e alegria, pois essa etapa de sua vida certamente vai lhe proporcionar grandes realizações como ser humano e desenvolver novas potencialidades".[7]

Os pais e educadores têm obrigação de informar, com clareza e firmeza, as tarefas que os adolescentes devem realizar com espírito crítico, em quatro campos: "adaptar-se às mudanças do próprio corpo, adquirir independência dos pais, adotar ou adaptar-se aos modelos e estilos propostos pelos companheiros de mesma idade evolutiva e estabelecer uma identidade psíquica, sexual, moral e vocacional".[8]

No processo educativo pais, educadores e adolescentes trabalharão, de modo consciente e esclarecido, e em conjunto, as três etapas da adolescência: precoce, média e tardia.

- *Precoce* (dos 11 aos 14 anos de idade, aproximadamente): os esforços devem estar dirigidos a habituar-se às modificações do próprio corpo, estabelecer independência e separação dos pais ou substitutos e livrar-se das amarras da infância.

- *Média* (dos 14 aos 17 anos): a maioria, com a manifestação da puberdade, procura melhorar sua imagem através de cultura física e do vestuário. A conduta tende a ser estereotipada, isto é, há identificação plena com o grupo de iguais; inicia-se a busca de identidade, de satisfação sexual e de um lugar na sociedade.

- *Tardia* (dos 17 aos 20 anos): emergem os valores e comportamentos adultos e predomina ou se cristaliza uma identidade estável. O relacionamento com o companheiro do sexo oposto torna-se mais estrei-

---

[7] Ibid., p. 28.
[8] SOUZA, *O adolescente do terceiro milênio*, p. 17.

to, íntimo e afetuoso. Busca viabilidade econômica e social, desenvolve elaborado sistema de valores e se expressa com suas próprias ideias.[9]

Esses valores são em geral empíricos; não obedecem ao quadro total da maturidade dos adolescentes, que pode ter variações em diversos níveis, dependendo da idade, do desenvolvimento psicossomático e do meio ambiente. Os adolescentes poderão ter períodos de avanço e regressão, e nem todos passarão pelas mesmas dificuldades e turbulências nessa fase de vida. Isso simplesmente porque são pessoas, e cada pessoa é única e especial.

As emoções e a arte de pensar

Não podemos falar em catequese limitando-nos à ótica eclesial. Mais do que nunca, sabemos da importância e do valor das ciências para a fé. A vida é um aprendizado constante. E nela devemos construir nossas emoções, sentimentos, desejos. Com adolescentes e jovens é preciso trabalhar com arte, pensar com arte, para que possa acontecer a experiência. Isso exige do educador da fé falar a partir da experiência, com convicção, com abertura ao diálogo, às mudanças. É necessário dar testemunho de fé no diálogo com as ciências.

Na idade das descobertas pela exploração da curiosidade, do saber e do pensar, é importante ensinar a interiorizar e a se abrir aos outros. "A arte de pensar é a manifestação mais sublime da inteligência. Todos pensamos, mas nem todos desenvolvemos qualitativamente a arte de pensar. Deixando com isso de expandir as funções mais importantes da inteligência, tais como aprender a se interiorizar, a destilar sabedoria diante das dores, a trabalhar as perdas e frustrações com dignidade, a agregar ideias, a pensar com liberdade e consciência crítica, a romper as ditaduras intelectuais, a gerenciar com maturidade os pensamentos e emoções nos focos de tensão, a expandir a arte de contemplar o belo, a se

---
[9] Ibid., pp. 17-18.

doar sem a contrapartida do retorno, a se colocar no lugar do outro e a considerar suas dores e necessidades."[10]

Os adolescentes vivem numa época de imensas potencialidades que a ciência e a tecnologia disponibilizam com abundância. Mas a vida humana, apesar da tecnologia, ainda é muito curta. E apesar de muitas pessoas brilharem por sua inteligência, poucas investem em sabedoria. Com isso não se interiorizam, não se repensam. O mundo nos exterioriza e não estamos acostumados a refletir, a escutar a voz interior, a enxergar o que realmente queremos e sentimos. Isto nos causa uma enorme frustração e sensação de grande vazio. A sociedade nos leva a preenchê-lo com coisas fúteis. Se isso acontece com nós adultos que temos bases, ética, formação, o que dizer em relação aos adolescentes?

A catequese tem aqui um forte apoio para a centralidade de Jesus na vida dos adolescentes. Na verdade, quem mais nos ensinou sobre a importância de interiorizar-se, de repensar sobre as atitudes, sobre o que realmente queremos e sentimos, foi Jesus Cristo. Ele possuía uma personalidade difícil de ser estudada, mas fascinante e rica de referências para nossas buscas. Suas reações intelectuais e emocionais eram tão surpreendentes e incomuns que ultrapassavam os limites da previsibilidade psicológica. Ele é um rebelde quanto aos padrões da superficialidade com que a sociedade propõe a felicidade. Por isso, causou e causa tanta polêmica. Ele disse: "Amai vossos inimigos, e fazei o bem aos que vos odeiam".[11] Ora, isso é rebeldia pura, uma revolução. É nesse sentido que se deve apresentar Jesus aos adolescentes, isto é, convidando-os ao profetismo diante de tudo isso que vemos na sociedade, contrário ao projeto de amor pregado por Jesus.

Nós estamos acostumados com o que é previsível, porque nossas atitudes são dirigidas por valores que nos foram repassados e que aceitamos sem nenhum questionamento. Jesus Cristo veio nos ensinar a refletir sobre atitudes, va-

---

[10] CURY, Jorge Augusto. *Análise da inteligência de Cristo, o Mestre dos Mestres*, p. 13.
[11] Lc 6,27.

lores preconcebidos, para reescrevermos nossa história. O adolescente aprende, assim, a analisar criticamente o que recebe na infância, o que vê na sociedade, e a confrontar tudo com suas aspirações e com os padrões de Jesus. Porém, junto com o desabrochar da razão e do pensamento, ele vive as grandes novidades com emoção e sentimento.

Por muito tempo, nossa cultura deixou de lado a importância dos sentimentos e das emoções. As pessoas tornaram-se mais racionais, competitivas, egoístas, menos comprometidas e muito mais infelizes. Nestes últimos anos verificou-se que não adianta tanta evolução, se não conseguimos ser felizes, coerentes com nossos sentimentos, com nossos sonhos e aspirações. Descobriu-se, então, que só a integração da mente e do coração nos tornará inteiros, competentes e capazes de transformar nossos potenciais em realidade. Voltou-se a valorizar sentimentos, emoções, utopias, aspirações.

O adolescente de famílias abertas e dialogantes, em geral, aceita as orientações paternas e muitas vezes compartilha os mesmos ideais e valores dos pais, dividindo com eles expectativas semelhantes de vida, estudo, trabalho. Se isso acontece, a identificação com os seus amigos leva em conta o referencial dos pais. Esta constatação reforça a necessidade de os pais zelarem por construir e alimentar valores nas relações familiares, a fim de garantir, assim, padrões de referência para a fase da adolescência e para o resto da vida.

O adulto deverá respeitar sempre o adolescente, deixando aberta a possibilidade do diálogo. E aqui os pais têm importância fundamental, pois partilham mais de perto desse turbilhão de emoções e sentimentos no qual o adolescente se vê mergulhado. É óbvio que ele, vendo-se respeitado, se sentirá sujeito da própria história e estimulado a crescer, a equilibrar-se, a assumir corajosamente a vida e a missão que vai descobrindo para sua vida pessoal e social.

A catequese dos 12 aos 20 anos

A instabilidade e a insegurança na adolescência – As profundas mudanças físicas afetam o psiquismo do adolescente. "A adolescência ocorre num momento em que o ser humano ainda está muito frágil e vulnerável."[12] Aquele menino/a de 11-12 anos torna-se irreconhecível aos próprios pais: um dia valoriza os colegas e amizades, noutro dia tranca-se no quarto; um dia entusiasma-se pelo esporte, pelo shopping, noutro não quer saber de nada. Muitas vezes, recusa atenção e carinho dos pais, e ao mesmo tempo queixa-se de que ninguém os ama. Por dificuldades deste tipo, é que o adolescente acaba procurando mais o apoio dos amigos, e muito pouco dos pais.

A presença majoritária da adolescência e juventude – Na população do Brasil, isso acarreta mudanças significativas na mentalidade das pessoas dessa idade. A preparação profissional requer empenho e especialização até chegar à maioridade cívica, jurídica (dispor de si e de seus bens) e econômica (sustento próprio e do lar). Para muitos jovens o exercício da profissão marca o fim da adolescência. Na escala popular das profissões, essa maioridade pode ser adquirida em torno dos 16 anos; e para os jovens de profissões mais especializadas, poderá chegar aos 24-25 anos. O adolescente quer dizer "sim para o direito de dar sua contribuição pessoal à sociedade produzindo bens ou serviços que tem talento para executar. O sim para a força que o leva a lutar por seus ideais de sociedade justa, pacífica e empreendedora, transformando situações, se necessário".[13]

A importância do grupo dos adolescentes – A vida do adolescente será dentro do seu grupo. Ele se expande entre os colegas, apoiando suas ideias e estimulando suas aspirações. Na família será arredio, passando pela crise da obediência e da cooperação, criticando e transgredindo regras e tradições. A lealdade para com o grupo será a única regra moral que ele aceita sem reserva.

O choque de gerações – O jovem tem grande abertura à novidade e à evolução. Se para o adulto a palavra "experiência" significa olhar para o passado, para o adolescente quer dizer ir adiante, olhar para o futuro. Ele reage con-

---

[12] CANO, Ética: arte de viver, p. 28.
[13] Ibid., p. 42.

tra a mentalidade dos seus pais e busca caminhos de novidade, tornando-se mais comunitário que seus genitores e assimilando mais rápido o "novo". O choque de gerações foi provocado por muitos fatores impessoais e universais da nossa civilização. É importante recordar que o encontro de gerações só se realiza nos ambientes onde há pessoas que se entendem na totalidade do espírito, na abertura ao diálogo e na vivência do amor.

Psicologia religiosa do adolescente

Chegamos ao ponto crucial: será que nossa vivência de fé responde aos anseios do jovem e à sua mentalidade atual? A Igreja exige de todos, inclusive dos jovens, a adesão ao mesmo credo, a obediência aos mandamentos, a prática da caridade. Será que os jovens estão dispostos a ser "conformes à imagem do Filho de Deus?".[14]

Os adolescentes não querem conservar a fé infantil antes recebida, com seus elementos e estilo. Com o passar dos anos, eles devem ter convicção de que a fé ilumina sua existência muito mais do que poderiam imaginar. Daí a importância do processo catequético nesse período da vida, porque, "desde a primeira infância, até o limiar da maturidade, a catequese torna-se, pois, uma escola permanente de fé e segue as grandes linhas da vida, à maneira de um farol que ilumina o caminho da criança, do adolescente e do jovem".[15]

A fé e a ciência – O crescimento na cultura, nas ciências, não encerra um perigo para a fé. O que poderá ocorrer é o desequilíbrio entre instrução e cultura religiosa. Para tanto, é essencial que a cultura religiosa esteja à altura do ensino da ciência. O autêntico espírito crítico não pode e não será perigo para a fé, nem obstáculo para a ciência. Antes se considera meio indispensável para atingir a maturidade intelectual e a fé esclarecida.

---

[14] Rm 8,29.
[15] CT 39.

A fé inquieta do adolescente – Além de investigar os fenômenos do mundo, o adolescente busca o sentido do universo. Quer saber e conhecer esse Deus de que falaram tanto a ele e descobrir a casa do universo. Nessa perspectiva poderemos afirmar que o adolescente é um profundo religioso, no sentido de viver nesse período a busca dos problemas relacionados a Deus. Ele procura resposta às suas inquietações e, por meio delas, quer alcançar segurança e paz. De um lado vemos o adolescente que quer conhecer e aprofundar a fé e descobrir o amor de Deus. De outro, "era o direito e o dever do pai de família em Israel dar aos filhos as razões dos próprios gestos, de sua fé, da caminhada do povo liberto por Deus".[16]

A imagem de Deus na fé do adolescente – Essa idade é a do absoluto. O adolescente tem a necessidade de alcançar o infinito de Deus, a sua perfeição infinita e colocar sob a proteção do Absoluto os seus erros, limitações, que ele passa a notar em si e ao redor de si. Ele descobre o Deus pessoal que veio morar entre nós. Assim, a formação catequética deve ajudá-lo a achar o Deus comunhão nas três pessoas: Pai, Filho e Espírito Santo, e aí encontrar o Deus-Amor, capaz de plenificar o coração sedento de todo ser humano. Agindo assim, a família e a comunidade levarão os adolescentes a "conhecer e experimentar Jesus Cristo que, com sua vida e boa-nova, inspira a caminhada do Povo de Deus, e levá-los a participar, como adolescentes, nessa caminhada".[17]

Descobrindo os ideais nos heróis – O adolescente parte para buscar os grandes ideais de vida, e é importante que nessa hora ele encontre seus heróis. Na adolescência é fundamental essa "pedagogia de heróis", para que se possa conhecer modelos vivos de vida cristã, cujo exemplo arrasta-o para o heroísmo. As imagens de heróis da fé empolgam o adolescente a se completar com a força de Deus e por ela atingir a sua mais verdadeira realização e vitória na santidade da vida. Mostram-lhe textos como: o chamamento

---

[16] CR 134.
[17] CR 50.

dos Apóstolos;[18] o jovem Davi;[19] o modo de viver de João Batista;[20] o diálogo com a Virgem Maria;[21] São Paulo em Atenas [22] ou em Éfeso,[23] que lhe permitem sentir o heroísmo.

Sexo e amor

Estudando a realidade dos adolescentes, constatamos que eles precisam de informações claras a respeito de suas transformações, principalmente de sua vida emotiva e de sua sexualidade, dando sentido a esses fenômenos dentro dos planos de Deus. Esse tempo é de "descoberta de si mesmo e do próprio mundo interior, tempo de planos generosos, o tempo de desabrochar o sentimento do amor, com os impulsos biológicos da sexualidade, tempo de desejo de estar junto com os outros, tempo de uma alegria particularmente intensa ligada a uma inebriante descoberta da vida".[24]

Nesse momento a educação para o amor é essencial para toda pessoa. Como ponto de partida é necessário levar em conta alguns fatos relativamente frequentes na vida de muitos adolescentes, que, quando não esclarecidos, podem bloquear durante longo período seu crescimento e sua felicidade.

Ainda se constatam em alguns deles experiências sexuais desligadas de uma maturidade, que não existe. O sexo acontece de forma corriqueira, como mais uma experiência da vida, bem antes de descobrirem o valor do amor verdadeiro (é dentro do amor que o sexo encontra realização plena), decorrendo daí a queima de etapas. Também constatamos fatos negativos do passado guardados no maior silêncio, que não foram abordados e machucam, tais como abusos se-

---

[18] Jo 1,35ss; Mt 4,18-22.
[19] 1Sm 16,12; 17,42.
[20] Mt 3,4ss.
[21] Lc 1,34ss.
[22] At 17,24-34.
[23] At 19,1–20,6.
[24] CT 38.

xuais acontecidos há muitos anos que perturbam demais, mas o mundo impede-os de falar. Nesse caso é indispensável oferecer muita confiança para que possam revelar estes dolorosos fatos, os quais têm que ser levados em conta sem partir da suposição de que tudo está bem.

A sexualidade é fundamental para definir a identidade. Se não for bem-educada produz, em muitos casos, um lento, difícil e às vezes traumático crescimento pessoal. Quando os adolescentes se satisfazem com manifestações incompletas, custam muito para descobrir-se como pessoas sexuadas com todo o seu valor. "Muitas vezes, porém, é conjuntamente a idade das interrogações mais profundas, das indagações angustiadas, ou até mesmo frustratórias de certa desconfiança para com os outros, acompanhada do debruçar-se sobre si mesmo, fechando-se; é a idade dos primeiros fracassos e das primeiras amarguras".[25]

Assim sendo, é imprescindível educar a sexualidade, ante um ambiente que a apresenta desprovida do carinho e da riqueza íntima da pessoa. O ambiente, por sua vez, já semeou a falsa imagem do amor imediato, que satisfaz a necessidade do momento. O amor que "se faz", momentâneo, se desligou do crescimento humano. Mas felizmente muitos "jovens de hoje em dia estão buscando novas formas de pensar a sexualidade. E uma juventude como essa, certamente, será capaz de ingressar no mundo adulto orientado por valores que satisfazem o espírito e dão sentido ao encontro entre o homem e a mulher".[26]

Por outro lado, amar e ser amado são o sentido da vida: quem não chega a essa experiência fundamental, sofre e não é feliz. Hoje, é importante orientar a qualidade dos relacionamentos interpessoais, educando as pessoas para a admiração, o respeito, a ternura. Recordar que "fazer sexo" é fácil, o mais difícil é fazer brotar esses sentimentos íntimos, que tornam a vida e a convivência qualitativamente melhor. A atividade sexual da adolescência, mais do que expressão

---

[25] CT 38.
[26] CANO, Ética: arte de viver, p. 50.

de amor, é sinal de muitas carências afetivas, e também produto da pressão violenta do ambiente.

"A catequese não poderá ignorar tais aspectos facilmente variáveis deste delicado período da vida. Uma catequese capaz de levar o adolescente a uma revisão de sua própria vida e ao diálogo, uma catequese que não ignore os seus grandes problemas – o dom de si, a crença, o amor e a sua mediação que é a sexualidade."[27] Por tudo isso, tem-se que buscar novos fundamentos para a afetividade e a sexualidade: valores como amor, reciprocidade, partilha, afeto, carinho, respeito à dignidade da pessoa. Dessa forma poderemos oferecer uma educação sexual com uma visão positiva do corpo sexuado e das relações afetivo-sexuais.

A experiência da amizade tem uma função importantíssima na educação das relações humanas, na descoberta dos próprios sentimentos e do outro, mas também os amigos fazem falta. Muitas vezes, as etapas da amizade são atropeladas por namoros prematuros que fecham os jovens em relações muito restritas, sem espaço suficiente para expandir melhor os seus sentimentos. Por vezes, muitos namorados nem sabem ser amigos, criando relações de dependência que bloqueiam o crescimento (ciúmes, cobranças, brigas etc.). O ambiente dos adolescentes, muitas vezes, "quase" os obriga a "brincar de namorados", numa etapa em que seriam mais felizes "tendo e sendo amigos".

Sexo e namoro

"Genitais" é uma expressão que se refere aos órgãos de reprodução. Já o termo "sexual" tem um significado mais amplo: "inclui não apenas o que se relaciona com a função reprodutiva dos seres humanos, mas com tudo mais que diga respeito à distinção entre os sexos e à sua maneira peculiar de se relacionarem, bem como às formas de obter e proporcionar prazer através do corpo. Freud demonstrou, a partir de estudo da sexualidade reprimida de seus pacientes

---
[27] CT 38.

adultos, que, como qualquer outra manifestação biopsicológica, a sexualidade não se instala de repente na adolescência, mas surge paulatinamente a partir de experiências vivenciadas desde o nascimento do ser humano, e até mesmo antes, no útero materno".[28]

Portanto, quando falamos em amadurecimento, é preciso ver além das mutações do corpo do adolescente, olhar todas as modificações psicossociais que acompanham as alterações no plano biológico que vão ocorrendo na sua vida e que determinam o "desabrochar do sexo" entre os jovens.

Na Bíblia encontramos uma bonita passagem, no Livro do Cântico dos Cânticos, falando da paixão entre o homem e a mulher: "Suas chamas são chamas de fogo, uma faísca de Iahweh. As águas da torrente jamais poderão apagar o amor, nem os rios afogá-lo".[29] E aí nos apresenta o amor como uma faísca, um fogo, e nos fala do amor de Deus para com seu povo. É uma força que não pode ser ignorada. Nem é uma questão individual, alienada ou fora do contexto e dos problemas do país. O amor humano é também fonte de desgraças coletivas, como presenciamos no caso dos menores abandonados, que na maioria das vezes não conhecem os seus pais, chaga esta presente nos grandes centros urbanos, necessitando de intervenções dos setores governamentais na área de Ação Social.

Nesse contexto está o adolescente despertando para a referida faísca da paixão. Isso, sem dúvida, "deveria ser um momento emocionante e maravilhoso: o afeto fazendo par com a atração sexual e o tempo de namoro, dando espaço para se conhecerem e formarem laços".[30]

Olhando um pouco para trás, "em um tempo não muito distante, o namoro era considerado um período de negociação e contratos entre famílias. Os candidatos ao casamento em geral se encontravam apenas sob as vistas dos pais e havia uma vigilância severa para coibir qualquer

---

[28] OSÓRIO, *Adolescente hoje*, p. 77.
[29] Ct 8,6-7.
[30] CRUZ, Therezinha da. *Catequistas evangelizando os jovens...*, p. 18.

comportamento deles que envolvesse carinho relacionado à sexualidade".[31]

Mas hoje, por aquilo que podemos constatar, "o jeito do namoro mudou bastante, mas o namoro continua sendo uma fase especial para os apaixonados, um período que ficará em suas memórias como 'tempo maravilhoso'. O namoro sempre foi, e ainda é, uma época de encantamento, sedução e descobertas. O envolvimento dos enamorados aprofunda o conhecimento mútuo e desenvolve de forma sadia a afetividade dos dois, principalmente se o namorado estiver orientado não pelos instintos e desejo de posse, mas por um espírito de compreensão e respeito".[32] Nada, portanto, será mais saudável do que a construção de um namoro com amizade, companheirismo, amor e respeito mútuo.

Mas esse momento se encontra ameaçado por diversas circunstâncias. Apesar de todo o esforço pela promoção feminina, e de muitas conquistas acontecerem, temos ainda uma sociedade machista, que vê a mulher como serviçal e objeto de prazer apenas e que empurra os adolescentes para aventuras sexuais sem envolvimento.

O sexo virou apelo de toda hora, com o bombardeio diário realizado pela mídia nacional e internacional, com apelos eróticos ou pornográficos: desde o *outdoor* da rua, passando pela música do rádio, pelas revistas e jornais, pelas piadas e novelas, até, especialmente, a internet, tão manuseada hoje por crianças, adolescentes e jovens.

Caíram certas barreiras que cercavam o namoro dos jovens, que têm publicamente muito mais liberdade. "Mas isso não foi acompanhado por um amadurecimento no sentido da relação a dois. Aí o que poderia ser um caminho para uma relação mais autêntica e gratificante se transforma, muitas vezes, em mera exploração de corpos, com a consequente banalização dos gestos de carinho."[33] Alguns adolescentes confundem o que seja realmente liberdade

---

[31] CANO, Ética: arte de viver, p. 53.
[32] Ibid., p. 53.
[33] CRUZ, Catequistas evangelizando os jovens..., p. 18.

com servidão e acabam escravizados pelas forças hedonistas de uma sociedade que só pensa em comercializar, colocando o ter acima de tudo, esquecendo-se do ser das pessoas. Muitos adultos, por sua vez, também não repassam uma imagem real do que deveria ser a vida conjugal: a realização e o respeito mútuos.

O namoro é, portanto, "o estado que permite a cada pessoa normal sentir-se especial, experiência que torna os parceiros diferentes e extraordinários".[34] Esse fenômeno acontece quando duas pessoas se apaixonam, sentindo-se atraídas mutuamente. "No namoro existe mais idealização. No amor, projeta-se principalmente a carência de segurança, como num espelho fiel onde se pode reencontrar-se. Contudo, no namoro e no amor, também existem poderosas forças de transgressão às vezes difíceis demais de controlar."[35] O namoro será algo preponderante nessa fase de idade, especialmente como "força e poder para apagar a sensação de solidão que se vive frequentemente, de modo especial na fase da adolescência, na qual exatamente a insegurança é que determina o isolamento. Geralmente, 13 anos significa nunca ter experimentado a sensação de apaixonar-se, mas não impede que muitos adolescentes já tenham ideias mais ou menos claras do namoro".[36]

Outra questão importante: a "dimensão amorosa é a sensação da incapacidade de descrever o que se experimenta. Em certo sentido incompreendido, mas também único, senhor absoluto da grande verdade, sozinho na multidão, porque se sente como único a amar e ser amado. Possuidor do amor eterno".[37] Nesse caso, é fundamental trabalhar a descoberta do amor na vida do adolescente. De forma educativa, recordar que o amor verdadeiro é o que permanece, que nunca termina.

Dizem alguns que os adolescentes sabem tudo de sexo. De fato eles veem e ouvem muito sobre o assunto e são

---

[34] PELUSO, *Adolescentes*; pesquisa sobre uma idade em risco, p. 34.
[35] Ibid., p. 34.
[36] Ibid., pp. 35-36.
[37] Ibid., p. 40.

bombardeados com cenas na TV ou no cinema. Porém, uma conversa séria, a informação correta, a orientação amiga do adulto de confiança, continuam faltando. Muitas campanhas, como a da prevenção da Aids, ensinam o uso de preservativos, mas não se envolvem no sentido da relação sexual. Ainda é muito grande o número de pais que preferem não falar no assunto, porque se sentem embaraçados com essas questões.

Outro tema decorrente do namoro é a gravidez na adolescência, tornando-se um sério problema social, no qual o adolescente é obrigado a assumir um papel que muitas vezes não está preparado, seja de pai, seja de mãe. No caso da menina, normalmente há o abandono dos estudos, e não raro o despreparo para cuidar do novo ser que irá chegar. O rapaz terá preocupação de dar sustento à família, e muitas vezes não poderá fazê-lo por falta de capacitação. Com tudo isso vêm insegurança, instabilidade e desorganização diante desses fatos. Muitos pais falham no sentido de obrigar os filhos a se casarem, sem reflexão, sem amadurecimento. Em todos os casos é preciso maior preparação e orientação nas famílias, nas escolas e nas Igrejas, para que o adolescente possa ser mais bem habilitado e educado, e exercer o seu papel coerente de cidadão e cristão, na família, na Igreja e na sociedade.

"Pessoas e instituições que poderiam ajudar, muitas vezes, se limitam a dar regras de conduta, sem uma profunda discussão do significado do amor humano e de sua expressão sexual."[38] É importante ir além das leis e criar a consciência dos verdadeiros valores nas pessoas, para que de fato elas possam fazer sua opção pela vida e pelo amor, e não por situações de morte e escravidão.

A questão da castidade não deve ser tratada isoladamente em palestra sobre sexo e namoro. Insere-se na problemática maior da defesa da vida, com o sentido e respeito pelo outro. Também não é assunto para vermos somente na adolescência. Respeito e defesa dos sentimentos dos que

---

[38] CRUZ, *Catequistas evangelizando os jovens...*, p. 19.

fazem a vida ter sentido são partes essenciais da educação cristã desde o nascimento da criança.

Concluindo este pensamento, vemos que "vale a pena investir na saúde do namoro. Afinal, é uma experiência que mobiliza os sentimentos mais internos do ser humano".[39] Assim sendo, respeitar a namorada e o namorado, no sentido mais profundo, tem laços com todos os tipos de respeito ao outro: tem a ver com o respeito com a empregada da casa, com o direito dos vizinhos; também tem a ver com a luta das minorias (e maiorias) em nosso país, que são discriminadas de tantas formas e modalidades; tem a ver com a verdade e o amor, a autenticidade, com a capacidade de se colocar no lugar do outro. Deve-se, no processo educativo das pessoas, fazer de tudo para que não faltem respeito e amor ao próximo.

A homossexualidade na catequese

Constatamos que a sexualidade continua sendo um grande enigma para o ser humano e, ao longo da história, que ele permanece imutável. Os valores éticos e morais de nossa cultura encontram raízes na tradição judaico-cristã, mas é injusto atribuir ao cristianismo a repressão da sexualidade.

Sob essa perspectiva, biologicamente, reconhecer esse processo transformador da infância à juventude, denominado puberdade, indica o momento exato de uma completa diferenciação morfológico-corporal, pela qual características distintas de gênero humano são definidas. Constata-se que as modificações hormonais manifestadas na puberdade impregnarão uma psique que tenta desesperadamente encontrar um equilíbrio, o que resulta no aparecimento e na existência de um momento de dolorosa instabilidade: pulsões e temáticas conflitantes, quase sempre reprimidas.

Quando a evolução do ser humano segue seu curso normal, gradativo e sereno, imune às influências negativas

---

[39] CANO, Ética: arte de viver, p. 53.

do meio, dentro de um processo educacional inteligente e libertador, a puberdade desencadeia, conaturalmente, as manifestações específicas da adolescência.[40]

Desse modo, a adolescência constitui um processo perturbador do descobrimento do próprio corpo, dos próprios sentimentos e emoções, e do outro sexo com todos os apelos consequentes: atração, excitação, necessidade irreprimível de relacionamentos interpessoais, como resposta afetiva e sexual. Tudo isso é experimentado de maneira traumaticamente confusa, se não houver nessa conjuntura um acompanhamento cordial que facilite o descobrimento de um sentido, a libertação e a integração pessoal.[41]

Psicologicamente a adolescência poderá ser descrita por certas manifestações bem características: narcisismo provocado pela autodescoberta; inconstância afetiva e instabilidade emocional; capacidade de abertura e de adaptação indiscriminada a pessoas e situações, aliada a uma tremenda falta de objetividade na crítica e avaliação; generosidade e entrega entusiasta e sempre emocional a causas e pessoas.[42]

Os pais, por direito, são agentes primários na educação dos adolescentes, expondo-lhes uma clara noção das mudanças trazidas pela puberdade, libertando-os de toda ansiedade, angústia ou sentimento de culpa.

Tais inferências podem ser confirmadas a partir das palavras do Pontifício Conselho para a família: "a sexualidade humana não se reduz à mera expressão genital, ao contrário, ela faz parte do fundamento psíquico do desenvolvimento da vida afetiva, da relação com o outro e do significado do desejo. Sendo assim, ela se inscreve numa perspectiva dupla, a perspectiva da ligação com o outro e a perspectiva da procriação. O impulso sexual harmoniza-se progressivamente, durante a infância e adolescência, com o funcionamento global da personalidade. O adolescente aprende a se

---

[40] MONTEOLIVA, José M. *O dilema da sexualidade*, p. 86.
[41] Ibid., p. 87.
[42] Ibid., p. 87.

relacionar com o outro, descobrindo o significado do amor. Do contrário, corre o risco de fossilizar-se numa visão impulsiva, agressiva e possessiva da sexualidade. Existe, às vezes, uma tensão, ou até mesmo uma incoerência, entre o ser sexuado, o fato de ser homem ou mulher, de pertencer a um gênero sexuado masculino ou feminino, e o sexual, ou a sexualidade, da qual depende a vida afetiva e emocional, bem como a representação de si mesmo e da própria relação com os outros. Sendo assim, a maturidade afetiva permite uma articulação e uma continuidade entre a dimensão sexuada e a expressão da sexualidade, o que dá à pessoa autenticidade e coerência".[43]

O fenômeno da homossexualidade requer de todos sensibilidade e respeito à alteridade de outrem que se orienta por essa identidade, de modo que não julgue equivocadamente sem uma análise antropológica e teológica, envolta sempre da misericórdia evangélica.

Acerca dessa temática, o *Léxicon* afirma que: "A orientação sexual é o resultado de uma história e não de um fato que se impõe desde o nascimento. Uma visão no mínimo ingênua faz crer que alguns nascem heterossexuais e outros, homossexuais. Nunca foi provado que esta tendência é de origem genética. Trata-se, principalmente, de uma representação psicológica da vida pulsional do indivíduo, que se articula em torno da atração por pessoas do mesmo sexo que o seu, excluindo o outro sexo".[44]

A fixação homossexual, segundo Anatrella, pode ser precoce e dar ao sujeito a impressão de ter nascido com esta tendência. Desse modo, o período conhecido como período do espelho (entre os seis e os dezoito meses) é uma fase em que a criança começa a tomar consciência de si através do olhar de seus pais e, em especial, do olhar de sua mãe, mas também através do espelho que reflete a sua imagem. Pode apaixonar-se por essa imagem, que tentará, em segui-

---

[43] PONTIFÍCIO CONSELHO PARA A FAMÍLIA. *Léxicon*: termos ambíguos e discutidos sobre família, vida e questões éticas. 2. ed. Brasília: Edições CNBB, 2007. pp. 469-470.

[44] Ibid., p. 470.

da, reencontrar nos outros do mesmo sexo. A criança, como o adolescente, também passa, em sua autoidentificação, por etapas de superconcentração na sua própria pessoa, vivendo fases de narcisismo ou de complexo de Édipo, mas também de bissexualidade psíquica, de aceitação da própria identidade sexual e de abertura à heterossexualidade.[45]

A identificação homossexual, de maneira geral, não é, de fato, uma tendência patológica. É um componente da sexualidade humana, no sentido que corresponde a uma identificação necessária com as pessoas de sexo idêntico para corroborar a própria identidade sexual.[46]

Fato é que, no período caracterizado pela adolescência, muitas vezes acontece desacordo entre pais e filhos e ausência de diálogo franco e aberto acerca de diversos assuntos, entre estes relacionados com a sexualidade, gerando muitas vezes conflitos e dificuldades de comunicação.

Ao pensarmos na questão da homossexualidade verificamos que existe um longo trabalho de educação, mudança de comportamento, políticas públicas adequadas, inclusão social e suporte às famílias que tomam conhecimento da condição homoafetiva de seus filhos. As instituições sociais, em especial as famílias, foram remodeladas: a família hierárquica, com papéis bem definidos e atribuições de gênero e gerações, foi substituída pela família moderna, mais igualitária, em que as atribuições de gênero estão mais diluídas.

A Igreja Católica Apostólica Romana, por meio de seu Catecismo, acolhe os fiéis homossexuais e os interpelam à prática da castidade. A Igreja defende que pessoas com tais "tendências" devem ser "tratadas com respeito, compaixão e sensibilidade". Tal reconhecimento sobre a homossexualidade, pela Igreja, se deve pela necessidade de rever posições injustas, sem se afastar, contudo, da experiência humana e cristã de quem funda seu comportamento no Evangelho e nos valores do Reino.

---

[45] Ibid., p. 471.
[46] Ibid., p. 471.

Entre os pontos revistos podem ser listados os seguintes:
- Reconhecer que houve uma redução indevida da sexualidade homossexual à sua dimensão genital e, em consequência, a uma visão moral e pastoral dependente mais do biológico que do pessoal.
- Reconhecer que não tem fundamento a suposição de que a homossexualidade seja uma condição reversível, dependendo apenas da vontade da pessoa homossexual e não de outros complexos fatores.
- Reconhecer o caráter machista, "androcêntrico" e antifeminista de posições suas no passado.
- Reconhecer a unilateralidade de uma visão que tem a procriação como condição praticamente única para o exercício moralmente permitido da sexualidade na natureza.

A história da moral cristã mostra especial dificuldade em situar o lugar antropológico e ético do prazer sexual. São maneiras de ver a sexualidade eivada de elementos antropológicos e filosóficos estranhos à fé cristã.

Em uma cultura que massifica a sexualidade e a reduz a um objeto, a defesa da diferenciação e originalidade do indivíduo em sua dimensão sexual é essencial. Pessoas com orientação homossexual não o são por opção; devem ser aceitas com respeito, sensibilidade e compaixão, pois também "são chamadas a realizar a vontade de Deus na sua vida e, se forem cristãs, a unir ao sacrifício da cruz do Senhor as dificuldades que podem encontrar por causa de sua condição".[47]

O catequista deve saber integrar a avaliação e a ajuda formativa aos indivíduos de tendência homossexual dentro de um projeto ético mais amplo e mais articulado com toda a sexualidade humana e com cada ser humano em sua unicidade e na totalidade de seu ser-assim (ser humano como um todo).

---

[47] CATECISMO DA IGREJA CATÓLICA, par. 2358.

Capítulo IV

Segunda etapa da adolescência

No geral poderemos encontrar três situações distintas:
* *A catequese dos 17 aos 20 anos – difícil?* Nos últimos anos do Ensino Fundamental e durante o Ensino Médio pode haver algumas dificuldades, pela falta de interesse dos pais e de poucos catequistas que se lançam com garra nesse desafio. Basta ver os poucos grupos de perseverança que existem por aí em nosso Brasil, assumidos em algumas dioceses e paróquias. Apesar dos obstáculos, tem havido tentativas para o acompanhamento e orientação cristã dos adolescentes e jovens.
* *A catequese dos 17 aos 20 anos – missão impossível?* O que aparece como vida para o adolescente nessa fase? Lazer, exames (o excesso de preocupação com os vestibulares), família, namoro, a turma, cinema, internet, jogos, grupo de amigos no qual se estuda, se conversa sobre tudo: vida, sexo, futuro, dinheiro... Mas onde fica a fé? Para que serve a fé? E além do mais, não há ninguém com preparo e coragem para enfrentar esses jovens que aparentemente não querem nada com a fé!
* *A catequese dos 17 aos 20 anos – é viável?* Não é tão difícil quanto se imagina, e é muito desejada pelos jovens. É necessário entrarmos num caminho prático e objetivo. "Será a vez da catequese do coração e da

justiça. O encontro pessoal com Cristo, num anúncio que entusiasma e que consequentemente leva a uma visão de engajamento por um mundo melhor. É a catequese dos grupos espontâneos, dos grupos de jovens, das comunidades, dos movimentos de juventude, dos grupos de PJ [Pastoral de Jovens], em que o impacto com a realidade vivencial da fé, da amizade evangélica, do exemplo de jovens compromissados com Cristo, o apoio da comunidade jovem e o engajamento concreto dão uma tônica própria que atinge o jovem. É a catequese das grandes sínteses existenciais, exigindo uma opção que envolve posterior aprofundamento em nível de oração, de estudo, de ação, de vida comunitária, com crescente personalização dos dados da fé."[1]

Será, portanto, esse tempo propício para cativar e entusiasmar o jovem no caminho da comunidade, levando-o ao compromisso com Deus, com o mundo e consigo mesmo.

Algumas posições e justificativas assumidas podem esclarecer-nos mais sobre estas situações, colocadas não em ordem de prioridade ou valor na relação que segue.

A ruptura necessária

Muitos jovens hoje tiveram um ensino religioso suficiente até os 13 ou 14 anos, nas escolas católicas e comunidades, ou mesmo o ensino religioso nas escolas públicas. "Surge a ideia de dar uma parada para que o que foi semeado render mais tarde, pois os apelos da vida os reconduzirão à fé. E como é a idade dos conflitos que começa, não podemos de modo algum tornar ainda mais difícil essa idade, forçando os jovens a beber. Aliás, se continuarmos, eles nos abandonarão."[2] O adolescente, portanto, nessa idade não deverá ser forçado a aprender a religião.

---

[1] NERY, Ir. Israel José. *Catequese em escola católica*, p. 66.
[2] Ibid., p. 67.

Por outro lado, faz-se urgente o apelo e o trabalho junto aos adolescentes que vivem e participam das comunidades, que moram nos bairros das cidades, pequenas ou grandes. É preciso descobri-los, convidá-los para que iniciem um grupo de base, em que com outros adolescentes farão sua caminhada de fé. Poderemos chamá-los de muitos nomes: grupos de adolescentes, de perseverança ou de tantos outros, até bíblicos, mas acima de tudo cultivemos a semente do Batismo em seus corações.

A transição dos 18 anos

Será "um tempo de passagem para a maioridade, durante o qual se desponta a necessidade de se encontrar um ideal de vida. A busca da realização afetiva e a exploração das relações mais íntimas acontecem de forma mais consciente e intensa. É hora de alcançar a independência em relação aos pais, ter uma identidade própria e fixar objetivos para ter o seu projeto próprio de vida, encontrar a vocação, a profissão e o lugar na sociedade".[3] Esse período será marcado por buscas intensas de experiências, namoro, reflexão e estudo, e é muito importante para que encontrem espaço de participação nos grupos de adolescência e juventude da comunidade, para ajudá-los nos desdobramentos dessa idade.

Fé na Palavra de Deus

Trata-se de apresentar Jesus Cristo e o seu projeto de amor, de maneira tal que contrabalance a violência dos *mass media*, do materialismo hedonista, do capitalismo egoísta, da ideologia do conforto e do prazer, da mentalidade da "moda", sem princípios permanentes, da novidade pela novidade.[4] Trata-se, portanto, de despertar no adolescente e no jovem novos valores, diferentes daqueles apresentados pela sociedade. Dessa maneira, os jovens terão condição de

---

[3] CNBB, *Com adultos, catequese adulta*, n. 146.
[4] NERY, *Catequese em escola católica*, p. 68.

uma opção livre e consciente. "Se alguém se envergonhar de mim e de minhas palavras no meio desta geração adúltera e pecadora, o Filho do Homem também se envergonhará dele quando aparecer na glória do Pai."[5]

Valorizar a catequese com adultos

Justificativa: não se pode falar de uma catequese com adolescentes sem o envolvimento dos pais, como pessoas maduras e autênticas, pois eles devem fazer parte da caminhada dos seus filhos e filhas em sua vivência numa comunidade de fé.

No período da cristandade a catequese era voltada às crianças e depois aos jovens, e principalmente à juventude feminina, e desse modo foi por séculos. "Assim encontramos a fé, 'amparada' por práticas, imagens, novenas, peregrinações, terços, bênçãos, devoções, orações diárias. À catequese (à Igreja) cabia dar aquilo para o qual a família não tinha condições: cultura religiosa mínima, um conjunto de verdades. Crianças e moças sempre foram mais dóceis para a religiosidade."[6] Entretanto, hoje os tempos são outros. Tudo mudou. É fundamental uma catequese especial para essa idade, com novos métodos, novos recursos, uso de meios da atualidade: computador, internet etc. Não basta fazer adaptações da catequese infantil.

O mundo pluralista e secularizante de hoje dissociou fé e vida; aos poucos muitos cristãos o são por tradição ou costume, ou o serão por convicção permeada por religiões diversas, filosofias diversas, sincretismos etc. Adolescentes e jovens estão diante de situações confusas em termos de fé. Assim, hoje se torna urgente uma catequese adulta, que engaje, comprometa os adultos das comunidades de maneira autêntica, formando sua consciência, sempre visando ao crescimento da fé desse adulto, levando-o à vivência do amor na sociedade.

---

[5] Mt 8,38.
[6] NERY, *Catequese em escola católica*, pp. 68-69.

"Adolescentes, crianças e jovens, em termos de fé, requerem ser colocados em contato com adultos, autenticamente adultos na realização humana, livres na fé, porque exatamente adultos na fé, em comunidade, em constante crescimento, onde linguagem e testemunhos são continuamente reinventados, onde ser cristão é, sobretudo, viver e logicamente ser sinal e estímulo para crianças e jovens."[7] Tudo isso levando o adulto a fazer o seu engajamento consciente e coerente na realidade e no meio em que vive.

Não nos podemos acomodar à ideia de que os adolescentes veem de famílias católicas. É necessário trabalhar com suas famílias através dos grupos de família, de reflexão bíblica, da CF, das novenas de Natal, de oração e cultivo, de atuação e compromisso na comunidade e sociedade.

Junto com o processo de uma boa catequese em meio aos adolescentes e jovens, será fundamental uma intensa catequese com adultos. Todo esse trabalho deve ser ligado com a pastoral paroquial e diocesana, envolvendo todas as instâncias possíveis: comunidade, escolas, centros comunitários e até lugares especiais, como catequese junto aos adolescentes e jovens nas casas de recuperação de menores infratores e presídios.

O Estudo da CNBB, n. 80, *Com adultos, catequese adulta*, nos aponta que o modelo do trabalho com adultos nos levará automaticamente a atingir outras faixas de idade para que cheguem à plena maturidade em Cristo: "Neste sentido, é bom também considerar que a catequese dirigida às outras faixas etárias (às crianças, adolescentes e jovens), embora seja ministrada na medida de suas capacidades, também deve estar orientada para a vida cristã em plenitude, ou seja, para a vida adulta. Uma catequese, portanto, que nunca tenha ponto de chegada, mas que motive a continuar buscando sempre mais, aprofundando a experiência de Deus, o compromisso com a comunidade e o engajamento evangélico na transformação da sociedade".[8]

---

[7] Ibid., p. 69.
[8] CNBB, *Com adultos, catequese adulta*, n. 156.

Toda catequese deve, portanto, levar o fiel a fazer a opção pessoal por Jesus Cristo e colocar o catequizando no seu seguimento, caminhando "rumo à maturidade em Cristo".[9]

Por que uma catequese adulta?

A idade adulta é caracterizada por uma capacidade maior de comunhão e relacionamento com os outros. Estas capacidades são exercidas, principalmente, na família e nas relações da vida social, mas nessa fase da vida ocorrem certas crises que podem obstaculizar a comunhão e o bom relacionamento. Por isso, esta catequese deve falar de Deus-Amor e ser capaz de responder às inquietações da pessoa e da sociedade, levando ao engajamento na vida comunitária e à corresponsabilidade na transformação da realidade. É, portanto, essencial que seja uma catequese de ressurreição, de acolhimento, que possibilite a alegria, a esperança e ajude na promoção da paz.

Nesse sentido, para atingir nossos adolescentes, um dos caminhos será a catequese com adultos, pois ela é "uma urgência da missão evangelizadora da Igreja atual";[10] além disso, é preciso renovar a certeza de que "os pais devem ser para os filhos os primeiros educadores da fé, da esperança e da caridade".[11] Atingindo os adultos (pais e educadores), estaremos atingindo, em decorrência, os adolescentes. No entanto, "toda pessoa, adulto, jovem, ou criança, que não seja suficientemente iniciada na fé (em seu sentido profundo), deverá ser destinatária da catequese".[12] Para isso, a Igreja propõe um itinerário educativo da fé, tendo-se em vista: o aumento da demanda da formação visando ao aprofundamento da fé; vários processos catecumenais, como instrumento de renovação e estímulo missionário; a redescoberta da Palavra de Deus e interesse pela Bíblia; especial atenção

---

[9] Ef 4,13.
[10] CT 43; DGC 20.
[11] DGC 2.
[12] CNBB, Com adultos, catequese adulta, n. 111.

ao adulto na sua vivência pastoral e comunitária e o desejo de um diálogo entre fé e vida.

Para que essa catequese tenha uma dimensão adulta, ela deve ter alguns traços característicos importantes:

- uma forte dimensão evangelizadora, sendo colocada em prática em nossas comunidades dentro de um Projeto Pastoral;
- uma forte dimensão comunitária, porque está ligada à experiência de fé da comunidade e à promoção de novas formas de comunidade;
- compromisso histórico de promoção e libertação, pois insere-se hoje num projeto geral de renovação da Igreja, nas novas formas de relação da Igreja com o mundo;
- inserção nas outras instâncias da comunidade: família, juventude, noivos, terceira idade, Pastoral do Batismo, grupos de adolescentes e jovens etc.

A catequese com adultos deverá promover crentes adultos e estar a serviço de uma Igreja adulta. Daí a necessidade de chegarmos ao ideal de maturidade, superando qualquer forma de infantilismo nas comunidades, pois assim nos recorda o documento da CR: "Não sabendo conjugar a catequese recebida na infância com os chamados de Deus na vida, muitos adultos católicos apresentam uma fé individualista, intimista, infantil, ritualista, desencarnada".[13] Assim, precisamos de adultos conscientes de sua missão, que pensam na salvação de todos, encarnados no seguimento de Jesus e na edificação de uma sociedade mais justa e fraterna.

Tal catequese deve ocupar seu espaço teológico buscando originalidade própria. Trata-se de um grande desafio cultural que tem de ser enfrentado com coragem e determinação.

Um exemplo dessa coragem e determinação vê-se no próprio Senhor Jesus: quando completou 30 anos, começou a ensinar o povo passando de casa em casa. Dormia e comia nas casas que visitava e pregava a Palavra. Ele cresceu e

---

[13] CR 130.

tornou-se líder no meio do povo, participando da sua vida e dos seus sofrimentos, até mesmo no meio dos pecadores e excluídos.

No exemplo de Jesus vemos como deverá ser nosso compromisso concreto com os adultos das comunidades. "Jesus acolhe a religiosidade de quem o procura, recebe a pessoa no estágio em que está e ajuda a dar um passo além."[14] Que este compromisso nos leve a sermos responsáveis pela construção do Reino de Deus, num caminho de catequese onde haja ressurreição e acolhimento, levando o adulto a tornar--se agente de sua própria catequese, promovendo crentes adultos para uma Igreja verdadeiramente adulta.

O projeto da catequese com adultos

A catequese de adultos insere-se, hoje, num processo geral de renovação da Igreja, quer no sentido de construir um fator importante da reforma eclesial, quer na promoção de novas formas de relação entre Igreja e mundo, Igreja e cultura, Igreja e compromisso histórico de libertação.

Há muito tempo existe um grupo de atividades que "são consideradas catequese com adultos. São estas: o processo das Campanhas da Fraternidade; a vivência das CEB's; encontros ou cursos de formação de leigos, escolas da fé; grupos de rua ou de reflexão; círculos bíblicos; novenas de Natal, do padroeiro e outras modalidades; missões populares; formação dada nos movimentos; grupos de reflexão sobre o itinerário da fé".[15] Ainda outras atividades: preparação de pais para o Batismo dos filhos; preparação de adultos para receber os sacramentos; preparação para pais dos adolescentes na catequese de perseverança; encontros de noivos; envolvimento dos pais na preparação dos filhos para a Eucaristia (sem esquecer de que, mesmo sendo chamados por causa das crianças, devem ser tratados como adultos);

---

[14] CNBB, *Com adultos, catequese adulta*, n. 64.
[15] Ibid., n. 170.

encontros paroquiais e diocesanos; formação de catequistas; retiros com adultos etc.

Algumas dessas formas são conhecidas como ocasionais, "no entanto, o esforço deve ser orientado no sentido de se organizar a catequese sistemática, orgânica e permanente, que toda a comunidade teria o direito de receber"[16]. Hoje se faz necessário descobrir melhores maneiras de trilhar novos caminhos, atingindo assim os adultos das comunidades.

Catequese com adultos em vista também dos adolescentes?

A Igreja vem pedindo cada vez mais a presença de catequistas e educadores com atuação no mundo para a educação da fé dos adultos, para que possam também auxiliar na educação da fé dos adolescentes. Sabemos da grande responsabilidade dos adultos hoje no que diz respeito às decisões da vida, da sociedade e do mundo. Daí a necessidade de entrarmos no campo da catequese com adultos para termos cristãos maduros, conscientes de sua história e transformadores da realidade. A Igreja conta com pessoas corajosas neste campo, para levar adiante o processo de evangelização em nosso país. Agindo dessa forma teremos adultos conscientes, no acompanhamento, na presença, no testemunho e no estímulo dos adolescentes e jovens das comunidades.

[16] Ibid., n. 171.

Capítulo V

A Importância da Bíblia

A palavra da Escritura Sagrada será fonte orientadora para o catequizando e terá papel fundamental no seu discernimento e na sua busca de caminhos de vida e esperança. É indispensável despertar a fé pela Bíblia em novos estilos de experiências, como fonte principal da *catequese*. Não se faz catequese com adolescentes sem a presença da Palavra de Deus em suas vidas e em seus caminhos.

"Com vista a uma leitura da Bíblia, segundo um plano adequado à idade e às condições culturais do leitor. O plano deve favorecer uma leitura interessante, viva, com acesso direto aos textos, ajudando a compreensão da mensagem, assim como o Magistério da Igreja a interpreta."[1] Tudo isso deve acontecer em respeito à sua idade, daí a importância das adaptações necessárias para a maior compreensão do mundo da Bíblia.

Aprendemos que a Bíblia em grande parte nasceu no culto e para o culto. Assim sendo, nas festas era lembrada a história do povo. O sábado, guardado com alegria e reverência, era um dos modos de os adultos mostrarem às crianças a importância da relação com Deus. Para sentirmos a importância da fé ensinada e vivida nas famílias, meditemos o Salmo 78:

---

[1] CR 88.

O que ouvimos e aprendemos através de nossos pais, nada ocultaremos a nossos filhos, narrando à geração futura os louvores do Senhor, seu poder e suas obras grandiosas. Ele promulgou uma lei para Jacó, instituiu a legislação de Israel, para que aquilo que confiara a nossos pais, eles o transmitissem aos filhos, a fim de que a nova geração o conhecesse e os filhos que lhes nascessem pudessem também contar aos seus.[2]

Da mesma forma, o trabalho desenvolvido com adolescentes contará grandemente com o incentivo, a presença e os testemunhos dos pais e educadores. O próprio Papa João Paulo II convoca os pais: "Cada família cristã se torne comunidade que acredita e evangeliza".[3]

Quando um pai de família era perguntado sobre a Lei de Deus e os mandamentos, então vinha a resposta escrita em Deuteronômio: "Nós éramos escravos do Faraó e o senhor nos tirou do Egito com mão poderosa... O Senhor mandou que cumpríssemos todas essas leis e temêssemos o Senhor nosso Deus, para que fôssemos sempre mais felizes e nos conservasse vivos, como nos faz hoje. Seremos justos, se guardarmos os seus mandamentos e os observarmos diante do Senhor, nosso Deus, como ele mandou".[4] Quem vivia a Lei de Deus, conservava a vida e permanecia na sua presença. Mas não parava por aí: era "o direito e dever do pai de família em Israel dar aos filhos as razões dos próprios gestos, de sua fé, da caminhada do povo liberto por Deus".[5]

O catequista ou evangelizador que caminhar com os adolescentes tenha consciência de que "participa da fé e da missão da Igreja que o envia. Necessita de critérios e sinais que permitam discernir o que corresponde de fato à fé e à missão da Igreja, isto é, à vontade do seu Senhor. 'Cada um considere como constrói, pois ninguém pode lançar outro fundamento, além do que foi lançado que é Jesus Cristo'.[6]

---

[2] CNBB, *Com adultos, catequese adulta*, n. 49.
[3] JOÃO PAULO II, *Ecclesia in Africa*, n. 92, apud *Familiaris Consortio*, n. 52.
[4] Dt 6,20-25; Dt 29,21-27.
[5] CR 134.
[6] 1Cor 3,10-11.

'Portanto, assim como acolhestes a Cristo Jesus, o Senhor, continuai a guiar-vos por ele. Arraigai-vos nele e edificai-vos sobre ele, perseverai na fé que vos foi ensinada e transbordai em ações de graças'".[7]

Acolher com fé a Palavra

O catequista motivará o acolhimento da Palavra, para que o catequizando possa aceitar Deus na sua vida, sendo esta acolhida um dom da fé. Para que aconteça a aceitação desse seguimento será preciso: conversão e seguimento. A fé é como uma caminhada. Mais exatamente: é seguir o próprio caminho de Jesus.

O que os discípulos fizeram pelos caminhos da Galileia e da Judeia até a cruz, acompanhando fisicamente Jesus e comungando sempre mais de sua vida e de seu ideal, deve ser refeito hoje, no coração e na vida desses catequizandos, dos seus pais e catequistas. É o programa que nos propõem os evangelhos. Eles foram escritos não apenas para recordar o itinerário terreno de Jesus, mas para fazer dele o roteiro ideal da caminhada de todo discípulo. "A missão fundamental é pregar o próprio Evangelho, anunciar Jesus, revelar o amor do Pai pela humanidade. Mas o próprio amor de Deus exige o amor fraterno, a comunhão e a participação nesta terra, o empenho na libertação do homem."[8] Fica evidente em tudo isso que a fé não é só uma adesão intelectual, um conhecimento da doutrina de Jesus. Ela é uma opção de vida, uma adesão de toda a pessoa humana a Cristo, a Deus e a seu projeto para o mundo.

A Bíblia é, portanto, essa fonte de água pura. Os catequistas a conhecem bem. Bebem dessa água todos os dias. "A Palavra de Deus está viva e atuante hoje na comunidade eclesial. Em outras palavras: Deus continua a falar aos homens em Cristo pelo Espírito."[9] É água que mata a sede de

---

[7] Cl 2,6-7.
[8] CR 66, apud Puebla 327.
[9] CR 71.

Deus e, ainda melhor, aumenta a sede de justiça, de amor e de fraternidade, para que os catequizandos atingidos possam dar passos adiante. A Palavra de Deus atinge a pessoa. Atinge a pessoa e o coração. Requer conversão e adesão. Vemos exemplos dessa adesão, por exemplo, na vida de vários personagens da Escritura Sagrada: em *Moisés*,[10] em *Maria*,[11] na narrativa de *Zaqueu*[12] e na passagem da *Mulher Samaritana*.[13] O adolescente saberá pelo encontro com Deus na Bíblia que a Palavra de Deus vai levá-lo e formá-lo para a vida de comunidade. Por outro lado, à pessoa que se converte auxiliará na formação da comunidade. Une-se ao povo, como vemos no episódio de *Moisés*.[14] A Palavra de Deus transforma as pessoas. A Palavra de Deus atinge – forma comunidade e transforma; arranca do pecado e do *comodismo*.[15] A Palavra de Deus leva à contemplação. Vocês que se converteram vão pelo mundo anunciar *Jesus ressuscitado*.[16] Anunciar requer suor, esforço, renúncia, martírio.

O catequista que atua com adolescentes precisa buscar força na oração. Ele não é um professor de textos, mas uma testemunha que se encontra com Deus e com a comunidade, através da oração, e a Palavra de Deus desperta a esperança. Esse catequista é o peregrino da esperança, trabalha pela causa de Jesus, constrói um mundo novo de justiça, fraternidade, comunidade; um mundo segundo Deus. Quem sabe o melhor caminho seja redescobrir aquilo que Deus fez com a gente, para fazermos como ele fez.

O catequista tem a tarefa de ajudar as pessoas a entender a Palavra de Deus, levá-las a se converterem cada vez mais à aliança com Deus e com os irmãos; a inserirem-se na comunidade de fé e a assumirem, em nome de Jesus, com-

---

[10] Ex 3,1-22.
[11] Lc 1,26-38.
[12] Lc 19,2-10.
[13] Jo 4,7-34.
[14] Ex 4,18-31; At 2,42-47.
[15] Lc 24,13-35.
[16] Mt 28,15-20.

promissos comunitários. A catequese deve ajudar as pessoas a ligar a fé com a vida.

Assim, aprendemos que "toda Bíblia é a narração, sob a inspiração do Espírito Santo, das experiências concretas de um Povo à procura de Deus e da ação desse Deus, se revelando a este Povo. Por isso, a Bíblia, como principal fonte de fé, deve ser lida no contexto da vida, porém à luz da Tradição e do Magistério, que são a nossa garantia de uma correta interpretação".[17] Ela é fonte e alma da catequese: convoca, constrói e alimenta a comunidade. Ajuda a comunidade a ler sua própria vida, seus valores, sua cultura e suas situações concretas, e a interpretá-la como História da Salvação.

"A catequese atual deve assumir totalmente as angústias e esperanças do homem de hoje, para oferecer-lhe as possibilidades de uma libertação plena, as riquezas de uma salvação integral em Jesus Cristo."[18] Ele é o ponto de referência que dá sentido e unifica todas as partes da Bíblia. Assim sendo, a Bíblia é o livro por excelência da comunidade. A leitura e a interpretação devem ser feitas com fidelidade encarnada nos fatos do povo latino-americano. Nesse sentido, é necessário um diálogo constante entre os catequistas e os estudiosos da Bíblia, a partir de uma leitura inculturada de nossa realidade.

Para cumprir a missão evangelizadora em nosso país e na América Latina, a catequese deverá "tomar como fonte principal a Sagrada Escritura, lida no contexto da vida, à luz da tradição e do Magistério da Igreja, transmitindo, além disso, o símbolo da fé, portanto, dará importância ao apostolado bíblico, difundindo a Palavra de Deus, formando grupos bíblicos etc.".[19] Assim sendo, a leitura e o estudo são também fonte de espiritualidade e de amadurecimento da fé para os catequistas e para os animadores de grupos de estudos da Bíblia, tão difundidos no Brasil.

---

[17] CR 176, apud DV 2-6; Puebla 1001.
[18] CR 73.
[19] Puebla 1001.

A catequese quer a formação de comunidades vivas, a partir do próprio ensinamento do livro dos *Atos dos Apóstolos*, pois a ação dos catequistas não se reduz apenas à leitura e à aplicação da Bíblia à vida, mas levará os catequistas à celebração da Liturgia e da caridade no mundo em que vivem.

Desse modo, os catequistas devem procurar "a integridade do anúncio da Palavra, para superar dualismos, falsas oposições e a unilateralidade".[20] Para tanto, faz-se necessária uma catequese bíblica formando cristãos maduros, capazes de transformar o mundo e promover os direitos humanos. O povo tem fome de Deus e da sua Palavra. É tarefa dos catequistas promoverem a leitura da Bíblia, através de: cursos, estudos especiais e círculos bíblicos.

A pedagogia de Jesus

Jesus é o pedagogo de Nazaré: suas atitudes, gestos e palavras produzem a mais profunda experiência de confirmação de seus interlocutores.[21] Assim, o Concílio Vaticano II nos adverte: "Deus, em sua bondade e sabedoria, quis revelar a si mesmo... Deus fala aos homens como a amigos e com eles conversa".[22] Mas, afinal, como Deus fala? Que tipo de linguagem utiliza? "A principal forma de comunicação é a palavra. Mas há outras imagens com que os homens podem comunicar-se. Muitas vezes, um gesto diz mais que muitas palavras. Também gestos e fatos podem constituir uma linguagem. Deus, para se comunicar com os homens, adotou essas duas linguagens que se completam mutuamente: a das palavras e a dos gestos ou acontecimentos."[23]

Ao mesmo tempo, esse Cristo demonstra a opção preferencial pelos discriminados, marginalizados e desfavorecidos do seu tempo. Na pedagogia de Jesus aprendemos a

---

[20] Puebla 1004.
[21] Cf. DNC 140-144.
[22] CR 33, apud DV 2.
[23] CR 34-35, apud DV 2.

participar do Reino, com atitudes que nos faz viver a dignidade de filhos de Deus, em relação à fraternidade e à acolhida, como espaço e lugar de participação de todos. A característica principal de Jesus é a sua enorme liberdade interior. Não lhe interessava o poder e o prestígio. Este "esvaziar a si mesmo" o leva à generosidade do perdão e à preocupação exclusiva com o crescimento do outro. O adolescente está aberto ao mistério de Cristo, verdadeiro Deus e verdadeiro Homem. Os jovens descobrem com alegria a predileção toda particular de Cristo por eles, como no caso do Apóstolo João[24] e do jovem rico: "[...] fitando, Jesus o amou".[25]

Devemos irradiar Cristo ao adolescente numa atenção singular ao encontro com o Absoluto de Deus, o Deus-Conosco: "Haja entre vós o mesmo sentir e pensar que no Cristo Jesus. Ele, existindo em forma divina, não considerou como presa a agarrar o ser igual a Deus, mas despojou-se, assumindo a sua forma de escravo e tornando-se igual ao ser humano. Aparecendo como qualquer homem, humilhou-se, fazendo-se obediente até a morte – e morte de cruz".[26] O despojamento de Cristo nos indica e nos ensina o caminho para alcançarmos uma linguagem que chegue ao coração dos adolescentes das nossas comunidades.

"No próprio centro da catequese, encontramos essencialmente uma pessoa: Jesus de Nazaré... Neste sentido, a meta definitiva da catequese consiste em pôr a pessoa não só em contato, mas em comunhão, em intimidade com Jesus Cristo."[27] Se nossa catequese for verdadeiramente cristocêntrica, o adolescente entenderá e seguirá as palavras de vida ensinadas por Cristo.

Haja na catequese com adolescentes a "apresentação de Jesus Cristo como amigo, como guia e como modelo, suscetível de provocar a admiração e, como consequência, a imitação; depois a apresentação de sua mensagem de modo a poder dar uma resposta aos problemas fundamentais;

---

[24] Jo 13,23; 21,20.
[25] Mc 10,21.
[26] Fl 2,5-8.
[27] CT 5.

e ainda a apresentação do desígnio de amor de Cristo Salvador, como encarnação do único amor verdadeiro e como possibilidade de unir entre si os homens: tudo isso poderá proporcionar a base para uma autêntica educação na fé. Mas hão de ser, sobretudo, os mistérios da Paixão e Morte de Jesus, aos quais São Paulo atribui o mérito de sua gloriosa ressurreição, que poderão dizer muito à consciência e ao coração dos adolescentes e projetar luz sobre os primeiros sofrimentos e sobre os do mundo que eles estão descobrindo".[28]

O *Diretório* ainda nos indica que: "o mistério de Cristo ilumina todo o conteúdo da catequese. Os diversos elementos – bíblicos, evangélicos, eclesiais, humanos e cósmicos – que a catequese deve assumir e explicar revestem-se de todo o seu sentido, quando relacionados com o Verbo Encarnado".[29]

As características da pedagogia pastoral para uma evangelização que liberta

A pedagogia pastoral é testemunhal – A mensagem do amor de Deus se comunica amando, fazendo coerente o conteúdo que se anuncia nas relações estabelecidas no processo evangelizador: o que se diz com o que se faz. "Deus não quis e não quer comunicar aos homens apenas uma verdade ou alguma lei. Ele quer comunicar a si mesmo, sua presença, seu amor."[30]

A pedagogia pastoral é comunitária – O caráter testemunhal encontra coerência prática na experiência comunitária. Nela ganham vida as novas relações que nascem do anúncio da Boa-Nova. Assim, "a aceitação e o seguimento de Jesus são uma opção profundamente pessoal. Ao mesmo tempo, porque a pessoa se realiza no relacionamento e no amor, o seguimento acontece na comunidade fraterna. Seguir Jesus é juntar-se, fraternalmente, aos outros discí-

---
[28] CT 38.
[29] DCG 41.
[30] CR 37, apud DV 2 e 6.

pulos. Portanto, a fé nascida da comunidade da Igreja renova permanentemente a própria comunidade a partir da sua raiz profunda, a comunhão com Deus, e gera novas comunidades eclesiais".[31]

A pedagogia pastoral é experiencial – A evangelização deve dar-se a partir das experiências da vida e procurando reelaborá-las à luz do Evangelho. Esse processo não constitui somente percepção intelectual e consciente. Em nossa maneira de viver estão em jogo nossa identidade, autoestima, sentimentos, emoções, modos de atuar, como também nossa capacidade intelectual. Tudo isso deverá ser alcançado pela evangelização. Mais do que nunca é necessário fazer essa experiência de Deus, que nos vem através da *conversão* e do *seguimento*.

A pedagogia pastoral é participativa – Pela participação na vida da comunidade, o adolescente passará ao uso da Palavra, à busca da verdade, pois "o Espírito Santo faz ressoar na Igreja e no mundo a 'voz viva do evangelho', conduzindo os fiéis para a plenitude da verdade (Jo 16,13)",[32] às tomadas de decisões e, sobretudo, à vivência da autoridade como serviço, pois "as comunidades dos discípulos de Jesus não estão a serviço de si próprias, mas dos outros. A fé cristã é intrinsecamente missionária" (cf. Mt 28,19ss).[33]

A pedagogia pastoral é transformadora – A adesão pessoal e comunitária à novidade do Evangelho chama a atenção para a relação entre a formação e ação. Levar em consideração os dois níveis: pessoal e social, bem como a maneira de compreender a realidade e de como intervir nela. No trabalho com os adolescentes devemos ligar os campos da fé e da vida, do crer e da ação: "Quem crê não pode deixar de testemunhar a sua fé. Quem foi escolhido recebe o encargo de uma missão. A missão fundamental é pregar o próprio Evangelho, anunciar Jesus, revelar o amor do Pai para toda a humanidade. Mas o próprio amor de Deus exige amor fra-

---

[31] CR 65.
[32] CR 54.
[33] CR 66.

terno, a comunhão e a participação nesta terra, o empenho na libertação do homem".[34]

A pedagogia pastoral é progressiva – A evangelização dá grande valor ao protagonismo pessoal no processo formativo, por isso, expressa o amor diante do evangelizando, respeitando seu ritmo, sua consciência, suas convicções. Dá todo o peso que tem à graduação de todo o processo de mudança que passa da consciência atual à consciência possível do jovem, em passo sucessivos e progressivos. "Por isso, pode-se falar em 'pedagogia de Deus' (cf. DV 15) para indicar a forma com que Deus se revelou na história da humanidade, gradativamente, por etapas."[35]

A espiritualidade bíblica

A palavra espiritualidade carrega consigo ambiguidades. Para alguns, tem-se espiritualidade quando se reza muito, ou quando não se anda nas "coisas mundanas". A Escritura Sagrada nos diz que o "Espírito de Javé", *princípio de vida na criação*,[36] entrou no homem quando Deus lhe deu seu "alento (sopro) de vida",[37] para que este corpo de "barro" chegasse a ser vivente. Jesus é levado ao deserto pelo Espírito de Deus, com o fim de *prepará-lo para a sua missão*.[38] Este mesmo espírito é quem acompanha a vida do homem na busca da verdade, dos segredos da ciência, do amor e do próprio Deus.

A espiritualidade é, portanto, toda a vida. É como o ar para respirar, o alento que nos faz viver de um modo peculiar, mas como vida abarca todos os momentos da existência. O adolescente aprende a relacionar-se com Jesus de uma forma próxima e amigável, descobrindo o amigo que dá sentido à sua vida e lhe ensina o profundo valor da amizade

---

[34] CR 66, apud Puebla 327.
[35] CR 44.
[36] Gn 1,2.
[37] Gn 2,7.
[38] Mt 4,1s; Lc 4,1.18-19.

e do serviço ao próximo. Vai levá-lo a fazer o encontro pessoal e comunitário com Deus Pai, com Jesus seu amigo, irmão e companheiro e com o Espírito Santo como sua força e vida.

A figura de Maria, a Mãe, é aquela que o busca como adolescente, sai ao seu encontro (como Jesus adolescente), e que o acompanha para que "cresça em idade, sabedoria e graça".[39]

Vemos a importância de uma espiritualidade para o adolescente como o alento que o faz viver, ou ter um estilo de conduta derivado, coerente com sua opção de vida, a exemplo do próprio Jesus. Para tanto, vamos aprender com o próprio Cristo algumas maneiras de evangelizar.

Bíblia e adolescentes

Há elementos no Evangelho essenciais para uma Pastoral de Adolescentes. Várias são as citações na Bíblia que tratam de adolescentes ou de passagens no período da adolescência. Apontaremos apenas algumas, para mostrar a importância dessa idade, que encontramos também na Sagrada Escritura.

O Evangelho da Infância de Jesus, em Lucas, nos chama a atenção para Jesus com 12 anos, entre os doutores.[40] Para entendermos este texto, é preciso penetrar no contexto da época, em que "a lei ordenava que todo israelita do sexo masculino, de 13 anos em diante, deveria ir ao templo por ocasião das três grandes festas: da Páscoa, de Pentecostes e das Colheitas. Era obrigado somente os que residiam a um dia de caminhada (com uma marcha de seis a sete horas) de Jerusalém. Mas a piedade dos bons ia além das leis. Ficavam do entardecer do dia 14 até a manhã do dia 16 (março/abril), mas em geral permaneciam em toda as festividades da semana. No sábado e durante as grandes festas, os rabinos se colocavam à disposição do público em espaços especiais do templo, para ensinar a doutrina, e nas discussões

---

[39] Lc 2,52.
[40] Lc 2,41-52.

não faltava o tema messiânico".[41] Daí a presença do "adolescente Jesus" em meio aos doutores e estudiosos da Bíblia, ouvindo-os e interrogando-os.

Jesus dá uma resposta diante da aflição dos seus pais: "Por que me procuráveis? Não sabíeis que devo estar naquilo que é do meu Pai?".[42] Ele quer nos apontar que as coisas e os interesses do Pai resguardavam a missão de Cristo. Como adolescente, Jesus sabe que tem um Pai nos céus e deve empenhar-se para realizar a sua vontade com total independência. Lucas ainda chama atenção para a assídua meditação de Maria, que guardava tudo em seu coração. Sem dúvida, Jesus era um adolescente excepcional, amável e sábio. Crescia na estatura e a graça de Deus era plena nele. Traz uma lição de obediência e serviço aos seus pais, de amor a Deus, de vivência comunitária, de escuta da Palavra de Deus e de reflexão e discussão desta Palavra na vida do povo do seu tempo.

Seus pais iam todos os anos a Jerusalém (v. 41).	Levá-lo ao encontro com Deus, com testemunho a partir do povo.
Não o encontraram entre os parentes e amigos (vv. 44-45).	Reconhecer que usa seu espaço próprio.
Estavam admirados por sua inteligência e por suas respostas (v. 47).	Reconhecer-lhe os valores.
"Por que me buscavam? Não sabiam que devo estar nas coisas de meu Pai?" (v. 49).	Entender que busca o sentido da vida.
Voltaram a Jerusalém, em busca dele (v. 45).	Deixar a direção que leva à sociedade para encontrá-lo.

---

[41] GAROFALO, Salvatore, Il Vangelo di S. Luca, p. 153.
[42] Lc 2,49.

"Teu Pai e eu estávamos a tua procura..." Desceu com eles para Nazaré...	Favorecer sua identidade e sua integração familiar.
Sabedoria! Progredia em estatura e graça diante de Deus e dos homens (v. 52).	Impulsionar seu crescimento integral.
Sua mãe conservava cuidadosamente todas as coisas em seu coração (v. 51).	Levá-lo no coração, como quem ama e estima muito.

Marcos 5,22ss nos aponta Jesus a caminho para curar uma jovem de 12 anos. Um tal Jairo vem suplicar a Jesus: "Minha filhinha está nas últimas. Vem, impõe as mãos sobre ela para que fique curada e viva!".[43] A menina acaba morrendo. Mas Jesus pede fé da parte de Jairo. "Jesus entrou no lugar onde estava a menina. Pegou a menina pela mão e disse-lhe: 'Talitha Kum!' (que quer dizer: 'menina, eu te digo, levanta-te'). A menina logo se levantou e começou a andar. Já tinha 12 anos de idade. Ficaram extasiados de tanta admiração".[44]

Também em Lucas 8,55 vemos a confirmação do retorno à vida: "'[...] e o seu espírito voltou e ela se levantou imediatamente; e Jesus mandou que lhe dessem de comer'. Ela estava positivamente morta. Subitamente eis que está viva novamente. Agora, precisa de algo para comer".[45] Só Lucas menciona especificamente a volta do seu espírito. Fica claro que, para quem crê em Cristo, a morte é transformada em vida pela força de Cristo. Este trecho também tem referência com o que vemos no episódio de "Tabita", uma mulher de Jope ressuscitada por Pedro.[46]

Aprendemos também que o verbo "levantar-se" (anistêmis) e o substantivo "ressurreição" (anastasis) são usados

---

[43] Mc 5,23.
[44] Mc 5,40-42.
[45] CHAMPLIN, Russel Norman, O Novo Testamento interpretado, p. 89.
[46] At 9,36-40.

pela Igreja primitiva para designar a *ressurreição de Jesus*.[47] Assim, segundo Marcos, "os quatro episódios (tempestade do lago, o possesso em Gerasa, a mulher doente, a ressurreição da menina) são o anúncio do poder messiânico de Jesus. Ele veio libertar dos perigos da natureza, do poder demoníaco que destrói os homens pelo mal e pela mentira, do poder e da doença, e até mesmo da morte".[48] Jesus Cristo nos mostra que ele é o Senhor vencedor até mesmo das situações de morte também vividas na fase da adolescência.

Em Marcos 10,46-52, a passagem do "cego Bartimeu" nos mostra a atitude misericordiosa de Jesus e constitui a espiritualidade da Pastoral de Adolescentes.

"Jesus, Filho de Davi, tem compaixão de mim" (v. 47).	Deixa a multidão para atendê-lo (v. 46).
"'Que queres que eu faça?' O cego lhe diz: 'Rabûni, meu mestre, que eu veja'" (v. 51).	Escuta os gritos de quem "não está no caminho": um cego que os outros querem calar (vv. 47-49).
ESCUTAR O ADOLESCENTE É TER A MESMA ATITUDE E O AGIR DE JESUS.	Chama-o. Não lhe dá respostas por sua carência ou necessidade: "Que queres que te faça?" (v. 51).
	Responde dando a solução de vida para que o Bartimeu siga o "caminho" (v. 52).

Na catequese com adolescentes aprendemos com Jesus: a conhecer, a ouvir, a chamar, a levar as pessoas ao encontro com Deus, a testemunhar a partir do povo, a reconhecer o espaço próprio. Aprendemos também a favorecer a identidade do outro, sua integração familiar, a impulsionar seu crescimento integral, a levá-lo no coração e a reconhecer seus valores. É urgente e necessária a imitação do Mestre

---

[47] Mc 8,31; 9,9ss; 10,34.
[48] SLOYAN, Gerard S., *Evangelho de Marcos*, p. 43.

Jesus, vitorioso nas situações de doença, morte, cegueira, apontando para os caminhos que levam à vida e à realização do Reino de Deus aqui e agora, no contexto e na realidade onde estão os adolescentes. Portanto, escutar o adolescente é ter a mesma atitude de Jesus. Tal atitude somos convidados a imitar, para sermos fiéis à Palavra de Deus.

A Bíblia e o compromisso batismal

"Deus chama todos os homens e cada homem à fé, e pela fé, a incorporar-se no novo povo de Deus mediante o Batismo. Este chamamento pelo Batismo, Confirmação e Eucaristia para sermos povo seu, chama-se comunhão e participação na missão e na vida da Igreja e, portanto, na evangelização do mundo."[49]

Portanto, a primeira exigência será uma renovada, esclarecedora e firme instrução sobre a *dinâmica do Batismo cristão*. Diria até uma reeducação batismal para a fé e o compromisso cristão. Se o adolescente, batizado, não entender bem o seu Batismo, nunca entenderá nada de tudo o que vier depois. Trata-se de uma verdadeira formação batismal. E aqui recordo a expressão maternal de São Paulo aos cristãos da comunidade dos gálatas: "Filhinhos meus, por quem eu sinto novamente as dores do parto, até que Cristo seja formado em vós".[50] Esta é, sem dúvida, a base da formação cristã: atingir as feições de Jesus Cristo, o Filho muito amado do Pai, que em seu sangue nos conquistou a filiação divina.

Essa formação a partir da dinâmica batismal, com certeza, nos leva a grandes desafios e questionamentos. Levará o adolescente a um comprometimento especial com o seu Batismo, com a Trindade Santa e com a comunidade dos irmãos e irmãs de Jesus. "O Batismo e a Confirmação o incorpora a Cristo e o torna membro da Igreja; participa, a seu modo, da função sacerdotal, profética e real de Cristo e exer-

---

[49] Puebla 852.
[50] Gl 4,19.

ce-a na condição que lhe é própria."[51] A *Didaqué*, catecismo dos primeiros cristãos, dava um valor bem "original" e muito forte ao Batismo, que só podia ser recebido quando o catecúmeno tivesse chegado a formar uma consciência de sua grandeza e responsabilidade como cristão – um seguidor ou seguidora de Jesus Cristo; daí a importância do seguimento e amadurecimento do adolescente no caminho de Cristo.

A formação bíblica e batismal

A formação bíblica precisará ter igual destaque da formação batismal; ambas deverão estar integradas. Uma formação pela qual o adolescente se sinta seguro de manusear a Bíblia; onde possa descobrir "uma carta de Cristo, entregue aos cuidados do nosso ministério, escrita não com tinta, mas com o Espírito do Deus vivo, não em tábuas de pedra, mas em tábuas de carne, nos corações".[52] Uma formação que lhe dê familiaridade com o texto e que o esclareça quanto ao contexto; que o torne capaz de fazer uma leitura geradora da vida e o faça sentir a força transformadora da Palavra. Uma formação que o faça preferir rezar com a Palavra e dela faça brotar a sua oração pessoal e comunitária.

---

[51] Puebla 786.
[52] CR 57, apud 2Cor 3,3.

Capítulo VI

Catequistas de adolescentes

Não poderemos enxergar o adolescente a partir da ótica e do modelo dos adultos; por isso, surge a necessidade de escolher jovens idôneos para o trabalho junto deles. Eis a pessoa do catequista ou assessor da catequese com adolescentes, como aquele que "vive uma vocação específica dentro da Igreja. Ele realiza sua vocação batismal: anuncia a Boa-Notícia, o Reino de Deus... O catequista é alguém que fez e faz a experiência do Deus de Jesus Cristo e sente-se chamado, amado e escolhido por ele.[1] Os animadores e assessores que trabalham com os adolescentes precisam:

- Ter vocação e fazer "opção preferencial" por eles, supondo muitas renúncias e muito amor.
- Ter ideia clara da identidade dos adolescentes.
- Ter paciência e esperança sempre renovadas, porque a "efetividade imediata" com adolescentes não é tão patente como em outras pastorais.
- Abrir-se a novas metodologias nos encontros grupais, tendo em conta a postura psicológica própria dos meninos e das meninas.

---

[1] ARQUIDIOCESE DE CURITIBA, *Orientações gerais sobre a catequese*, p. 6.

Se esses animadores ou catequistas não se converterem em "amigos e amigas" do adolescente, não poderão cativar o coração dele.

Portanto, o animador e assessor é aquele que está por dentro do mundo do adolescente e, quando isso acontece, consegue sua simpatia, com as alegrias e os problemas e com toda a realidade, vivendo a empatia.

Os catequistas têm um papel fundamental: carregar no coração a proposta de Jesus; logo, não podem deixar de se questionar diante dos apelos que o mundo traz. É "alguém que, integrado na comunidade, conhece bem sua história e suas aspirações e sabe animar e coordenar a participação de todos".[2] A multidão de pessoas, de diversos rostos, está clamando por vida digna. É no meio desta gente que querem evangelizar permanentemente. É com essas pessoas: crianças, adolescentes, jovens e adultos, que querem construir uma Igreja sempre mais viva e operante, que caminhe nas pegadas de Jesus de Nazaré, com novo ardor, com novos métodos e novas expressões.

Assumindo os ministérios na comunidade, entre estes o ministério de ser catequistas, "descobrem mais profundamente a importância do ministério dos pastores. Tornam-se missionários, porque o Evangelho e sua realização constituem para todos os cristãos a razão de viver".[3]

A mística do catequista

O *Novo Dicionário Aurélio* nos diz que mística "é a força e o devotamento a uma ideia". Assim, a mística é a alma da pastoral com adolescentes. É a força interior que conduz o agente em sua ação evangelizadora, pois o impulsiona para a ação. Trata-se de um agente também denominado carismático, que acredita profundamente no projeto que realiza. A fé dá força e sentido ao trabalho. Faz do agente um ser de esperança e de capacidade de luta.

---

[2] CR 144.
[3] CR 308.

As características de um agente portador de mística nessa pastoral são:

- Coerência entre a fala (discurso) e a ação pastoral, pois "sem o testemunho duma Igreja convertida, vã seriam nossas palavras de pastores".[4]
- Insistência em seus ideais: não desanima; luta e persiste.
- Fé inabalável no projeto de Jesus, o Ressuscitado: mesmo que suas lutas sejam frágeis e insignificantes ante a amplitude dos problemas, sua fé o torna imbatível.
- Metodologia de trabalho: mesmo derrotado aqui ou acolá, retorna e ressurge com novas estratégias em busca de seus objetivos.
- Capacidade de doação e despojamento: não teme o trabalho nem o sofrimento. Sempre há uma razão maior para a luta.
- Possui opção clara pelos seus objetivos: neles acredita e por eles é capaz de assumir qualquer risco.

Agente místico, pelas suas opções e por seu modo de trabalhar, é sempre revolucionário. É, por isso, transformador e testemunha do Ressuscitado.

É nesse sentido que podemos falar de convicção cristã. De onde ela brota? Não é remédio que se compra em supermercado ou no shopping center. Tem a ver com mística.

Mística é como o ar que respiramos: não se vê, não se toca, não se agarra, mas ai de nós se não o tivermos! É como as raízes de uma planta: não aparecem, mas árvore sem raízes morre. Mística não é uma palestra sobre assuntos religiosos; não é um encontro de catequese, não é um curso sobre a Bíblia. É algo profundamente existencial: tem a ver com nossos anseios, nossa existência concreta, nossos sonhos e frustrações. Está ligada à nossa presença neste mundo e, ao mesmo tempo, à nossa sede de absoluto, de

---

[4] Puebla 1221.

eterno. Alcança o mais íntimo do nosso ser. Mexe com sentimentos, opções, atitudes, emoções, tudo enfim.

Mística cristã diz respeito à pessoa de Jesus Cristo. É uma experiência profunda, existencial, envolvente com a pessoa e o projeto de Jesus Cristo, até o ponto de dizer com São Paulo: "Para mim o viver é Cristo",[5] ou também: "Não sou eu que vivo, mas é Cristo que vive em mim".[6] Em outras palavras, Paulo quer afirmar: o sentido da minha vida e sua razão última é Jesus Cristo. Paulo escreveu isso à comunidade de Filipos, quando estava preso na cadeia por causa do Evangelho de Jesus. Havia, portanto, muita convicção.

Jesus viveu uma relação íntima com o Pai, até o ponto de dizer: "Quem me vê, vê o Pai",[7] ou: "Eu e o Pai somos um".[8] Não foi uma simples concordância de ideias, mas uma comunhão profunda de vida, opções, sentimentos, vontade, como quando ele explicou: "O meu alimento é fazer a vontade daquele que me enviou e realizar a sua obra",[9] e: "Desci do céu não para fazer minha vontade própria, e sim para fazer a vontade daquele que me enviou".[10]

Jesus nunca abriu mão dessa intimidade com o Pai. Agora, para ela se manter viva, precisa de espaços, de encontros, de momentos especiais. Como se relacionar com uma pessoa, se nunca pensamos nela ou não estamos a fim de encontrá-la? É por isso que Jesus, quando não podia orar sozinho de dia, *o fazia de noite, de madrugada*.[11] Ele devia ter razões muito importantes para orar sozinho, de noite, na madrugada, que é a hora melhor do sono. Devia sentir a oração pessoal como uma necessidade existencial; quer dizer, ele não se entendia sem esses espaços ricos da intimidade com o Pai. Nós estamos sentindo essa necessidade?

---

[5] Fl 1,21.
[6] Gl 2,20.
[7] Jo 14,9.
[8] Jo 17,11.
[9] Jo 4,34.
[10] Jo 6,38.
[11] Mc 1,35; Lc 4,42.

Lendo com atenção os evangelhos, encontramos Jesus em comunhão com o Pai, rezando sozinho nos momentos mais críticos e mais decisivos da sua vida, como: na hora de assumir a missão;[12] antes de escolher seus primeiros discípulos;[13] no momento em que o povo queria desviá-lo do rumo certo da missão;[14] quando revelou que iria ser morto com extrema violência;[15] após jornadas intensas de serviço ao povo;[16] quando as multidões o procuravam e o apertavam;[17] quando expulsava demônios;[18] antes de ser preso pelos carrascos;[19] na cruz, agonizando.[20]

Portanto, oração é momento indispensável para fazer essa experiência mística com Jesus Cristo. Não é um luxo; não pode ser privilégio de alguns. As maneiras de rezar podem ser diferentes, conforme nossas culturas e tradições: uns podem passar horas e horas meditando; outros, caminhando em romarias; outros, envolvendo mais o corpo com seus ritmos e emoções... Contudo, a oração é realmente uma necessidade para quem quer fazer profunda experiência mística.

Porém, não é a oração que define a nossa vida, e sim as nossas práticas. Jesus não cansava de recordá-lo: "Nem todo aquele que me diz: Senhor, Senhor, entrará no Reino do Céu, mas só aquele que põe em prática a vontade de meu Pai".[21] Essa coisa de só falar em orações e mais orações pode ser muito ambígua. Há orações que não levam à verdadeira experiência mística com o Jesus dos evangelhos; pelo contrário, podem afastar ainda mais, conforme Jesus

---

[12] Lc 3,21-22.
[13] Lc 6,12-16.
[14] Jo 6,14-15.
[15] Lc 9,18-22.
[16] Mc 1,35.
[17] Lc 5,15-16.
[18] Mc 9,29.
[19] Lc 22,39-46.
[20] Lc 23,33-46.
[21] Mt 7,21.

lembrou.[22] Há gente que reza e oprime ao mesmo tempo: como é que pode? Há gente que reza e ao mesmo tempo fica em cima do muro, sem tomar partido diante das mentiras, das corrupções e do grito dos pobres que clamam por dignidade e cidadania. Que oração é essa? Sim, o que nos define são as nossas práticas e o projeto de vida e de trabalho que assumimos e temos pela frente. *Somos aquilo que fazemos*[23] *e aquilo que buscamos ser.*[24] A oração é necessária para dar um sentido evangélico às nossas práticas e para sustentá-las, sobretudo, nos momentos difíceis.

Essas reflexões nos levam a outra descoberta importante: a intimidade profunda de Jesus com o Pai era o que sustentava sua prática e suas opções. Certo dia, fariseus e doutores da Lei o criticavam dizendo: "Esse homem acolhe os pecadores e come com eles".[25] Não entrava nos seus esquemas essa postura de Jesus: "Como é que se diz Mestre e age daquele jeito?". Jesus dá as razões da sua opção pelos excluídos e marginalizados exatamente a partir da sua comunhão profunda com a vontade do Pai. Em outras palavras, queria dizer o seguinte: "Vocês querem saber por que eu faço isso? Então escutem!". Então contou as três parábolas que falam da misericórdia do Pai e da sua solidariedade com os marginalizados. E terminou aí a conversa.[26] Realmente, a intimidade profunda com o Pai sustentava sua prática.

Não deixemos faltar essa mística cristã na vida de todos os catequistas, dos assessores, dos pais e educadores, e especialmente dos jovens e adolescentes. É preciso que a nossa pastoral tenha sempre uma profunda comunhão com a pessoa de Jesus Cristo. O próprio Senhor foi quem muito recomendou, como condição essencial para produzir bons frutos, a comunhão dos discípulos com a sua vida: "Eu sou

---

[22] Lc 18,9-14.
[23] Mt 25,31-46.
[24] Mt 6,33.
[25] Lc 15,2.
[26] Lc 15,3-32.

a videira, e vocês os ramos. Quem fica unido a mim, e eu a ele, dará muito fruto, porque sem mim vocês não podem fazer nada".[27] Como é que estamos procurando viver essa recomendação hoje?

Os catequistas que lidam com os adolescentes e jovens busquem adquirir uma formação fundamentada na Palavra de Deus, na mensagem cristã, no conhecimento da pessoa humana e de seu contexto sociocultural e na pedagogia da fé. E finalmente tenham uma mística e uma espiritualidade capazes de colocá-los em sintonia com o Espírito de Deus, para serem fiéis colaboradores na evangelização, na construção do Reino de Paz e Justiça, que é Graça e Dom de Deus para nós. O principal agente desta obra é Deus.

A formação dos catequistas[28]

Embora quando se fale de catequistas se diga que é o bispo o primeiro responsável pela catequese na diocese, a responsabilidade de formação é de todos: bispos, padres, coordenadores da catequese, coordenadores de escolas, na formação dos catequistas leigos das comunidades. Estes requerem uma formação toda particular e diferenciada dos padres. Quando o DGC cita a formação dos catequistas leigos, enfatiza: "a pastoral catequética diocesana deve dar absoluta prioridade à formação dos catequistas leigos".[29]

O documento da CR bem nos recorda o papel da comunidade no processo de formação: "Em vista da formação permanente, a comunidade envidará todos os esforços para possibilitar aos seus catequistas, ao longo de seu compromisso, os seguintes dados básicos que deverão ser continuamente retomados e aprofundados: sua inserção na caminhada da comunidade eclesial; a consciência crítica da realidade socioeconômica, política, cultural e ideológica, para aprender a ler os sinais de Deus; conhecimento atualizado e experien-

---

[27] Jo 15,5.
[28] O *Diretório Nacional de Catequese* trata amplamente deste tema nos números 254-281.
[29] DNC 234.

cial da Bíblia; fidelidade à Tradição e ao Magistério; visão histórica da Igreja; vida de oração; ciências humanas que favoreçam de perto sua missão, como, por exemplo, psicologia, pedagogia, didática, comunicação etc."[30]

As tarefas do presbítero e, especificamente, do pároco, são: suscitar, na comunidade cristã, o senso de responsabilidade comum; cuidar da impostação de fundo da catequese; suscitar e distinguir vocações para o serviço catequético; integrar a ação catequética no projeto evangelizador. Hoje, mais do que nunca, muito se fala sobre o ministério da catequese e, nesse caso, é fundamental poder contar com a adequada formação dos catequistas que atinja as várias etapas, que leve em consideração vários aspectos da caminhada catequética, segundo orientações da Igreja.

Outro fator importante é a formação através das escolas catequéticas: a comunidade, a paróquia e a diocese têm uma tarefa toda especial de zelar pela formação dos catequistas. Para tanto, pede-se que estes tenham um conhecimento atualizado e experiencial da Bíblia e das diversas ciências. Daí a importância das escolas catequéticas, tão insistentemente solicitadas pelos catequistas e recomendadas pelo Magistério.[31] Elas muito têm feito na linha da formação de catequistas nos Regionais, nas Dioceses e muitas até em nível paroquial ou setorial, ou forania.

É importante suscitar nas paróquias e nas comunidades cristãs vocações para a catequese, bem como o chamado nas diversas vocações para a Igreja e para a sociedade; promover certo número de catequistas a tempo integral; estabelecer uma distribuição mais equilibrada de catequistas entre os setores dos destinatários que necessitam de catequese; promover animadores responsáveis pela ação catequética; organizar adequadamente a formação dos catequistas; dispensar uma atenção pessoal e espiritual aos catequistas e ao grupo de catequistas; coordenar os catequistas com os outros agentes da pastoral nas comunidades cristãs.

---

[30] CR 148; cf., também, DNC 252-283.
[31] DNC 289-292.

A cada momento da vida o catequista é chamado, pela realidade local e pela história, a fazer uma nova experiência de Deus. Isto não acontece por acaso. Vejamos a prática de Jesus com os "doze". Ele os levou a superarem a visão de um messias triunfador, rei, para a visão de "Messias servidor dos pobres e doentes".[32] Quem zela pela formação dos catequistas deve fazer a experiência do seguimento de Jesus em sua pedagogia, numa metodologia própria condizente com o tempo e com a realidade local.

Aconselha-se que as comunidades repensem seu processo de formação catequética. É essencial maior envolvimento dos participantes no aprofundamento da própria fé, despertando, assim, os catequistas para a construção do ser, do saber e do saber fazer, ou seja:[33] "Educar, isto é, ajudar a pessoa a desenvolver, por ela mesma, suas potencialidades, visando à autonomia responsável do sujeito em relação à sua atuação, aos critérios que regem e estimulam sua vida pessoal, suas relações e suas ações na Igreja e no mundo. Quem educa, encaminha o educando para os quatro pilares da educação indicados em trabalhos recentes da Unesco: aprender a aprender, aprender a fazer, aprender a conviver e aprender a ser. É um processo que desenvolve a motivação para aprender sempre a criatividade no fazer, as relações humanas construtivas de fraternidade, cooperação e paz, o sentido da vida".[34]

Que tal formação catequética possua uma metodologia em que o catequista se autocatequize, dentro de uma experiência vivida em comunidade e enriquecida pelo conteúdo apreendido, e um método de ensinar a aprender e de crescer em todas as dimensões. Os conteúdos e a metodologia de formação necessitam ser trabalhados a partir da realidade local.

Que seja possível proporcionar às comunidades critérios que facilitam o processo pedagógico. Nesse senti-

---

[32] Mt 11.
[33] O *Diretório Nacional de Catequese*, ao tratar da formação do catequista, adotou este mesmo esquema (cf. nn. 262-276).
[34] CNBB, *Com adultos, catequese adulta*, n. 160.

do, buscar uma pedagogia que refaça a prática de Jesus nas comunidades, hoje, tendo uma experiência de relacionamento novo, e que facilite o conhecimento e valorize as experiências.

Na linha dos critérios para a formação de catequistas, é preciso sentir-se em formação permanente e em crescimento, recordando que o eixo da catequese é a comunidade em processo na educação da fé, e não somente em vista do sacramento. Assim sendo, "jovens e adultos já catequizados precisam continuar o aprofundamento da própria fé na comunidade cristã. Isto acontece quase que 'naturalmente' quando há uma intensa vida de comunidade: liturgias dominicais, celebrações diversas, participação na vida da comunidade, romarias, retiros, novenas etc. Este aprofundamento é reforçado, também, através de iniciativas, tradicionalmente denominadas de formação permanente, tais como palestras, cursos, grupos de vivência, leitura espiritual, direção espiritual etc.".[35] É fundamental o envolvimento de catequistas e catequizandos no processo de formação catequética.

Aconselha-se, portanto, que exista um processo participativo de organização, avaliação e planejamento; que seja desenvolvida uma metodologia do aprender fazendo e da troca de experiência e saberes. Assim, toda ação catequética seja iluminada com a Palavra de Deus, a caminhada catequética tenha fortes momentos celebrativos da vida e da fé, e, ainda, os catequistas sejam preparados para ser agentes da evangelização, multiplicadores nas comunidades.

Inteirem-se as assessorias no processo de formação em desenvolvimento (realidade local e dos participantes), possibilitando o crescimento humano, afetivo e da fé no seguimento de Jesus Cristo; comprometam-se com a defesa da vida e com a construção da cidadania e da justiça; e mantenham os catequistas atualizados nas questões sociopolíticas e econômico-culturais presentes na comunidade.

---

[35] Ibid., n. 116.

Nessa missão catequética será importante a participação em cursos de capacitação pedagógica para catequese de pessoas com deficiência, atingindo áreas específicas.

Por exemplo, em se tratando de surdos, o curso poderá ser ministrado em etapas, sendo abordados temas como: "A pessoa do surdo: caracterização, personalização, normalização e integração"; "A família e o surdo: situação do surdo; a família especial"; "O surdo e a Bíblia", e ainda "Os fundamentos da catequese especial". A formação inclua também o curso de LIBRAS (Linguagem Brasileira de Sinais), facilitando assim o trabalho com adolescentes surdos. Em muitas dioceses do Brasil já existem trabalhos com diversos desses grupos. É preciso conhecer sua realidade, envolvê-los no processo, pois serão de grande apoio e ajuda à missão catequética.

Hoje, mais do que nunca, tem havido muita preocupação em atingir a realidade dos surdos das comunidades em nosso país. Portanto, a "formação deve ter o cuidado de não somente desenvolver a capacitação didática e técnica do catequista, mas também e principalmente sua vivência pessoal e comunitária da fé e seu compromisso com a transformação do mundo, a fim de que a atuação do catequista nunca seja separada do seu testemunho de vida".[36] Agindo dessa forma, teremos catequistas comprometidos com a Fé e a Vida, com os catequizandos e com suas famílias, abertos à realidade e comprometidos nas transformações necessárias neste mundo. A realidade nos desafia, a busca do sagrado é grande. O caminho é feito pelos caminheiros.

O grupo de catequistas

Já percebemos que, mais do que nunca, é preciso novo ardor, novos métodos e novas expressões para trabalharmos com os adolescentes. Para tanto, é fundamental investir na formação dos catequistas, preparando pessoas para atuar nesse campo importante de ação catequética. Aprendemos

---

[36] CR 150.

que não dá para improvisar. É essencial, portanto, espírito aberto por parte dos presbíteros, dos coordenadores de paróquias e comunidades e dos membros dos Conselhos de Pastoral, para ouvir os apelos de tantos catequistas, conhecer seus desafios, suas experiências, e atender a suas necessidades.

Ainda mais hoje com a modernidade, o avanço das tecnologias, o mundo da internet, a rapidez das notícias, os presbíteros de nosso país deverão ter mais formação e preparo para acompanhar as diversas pastorais, organismos, movimentos; dentre estes, a catequese de jovens e adolescentes mais do que nunca se tornou um grande desafio para os evangelizadores das comunidades.

Nesse trabalho de catequese é importante uma adequada e efetiva organização de catequética, tendo à frente uma coordenação composta de padres, religiosos e leigos, com o objetivo de planejar tal ação em nível diocesano e paroquial. Nesse sentido, faz-se necessária a realização da catequese de iniciação permanente para as várias idades, procurando atingir especialmente os adolescentes e jovens das comunidades. Esta coordenação deverá trabalhar em sintonia com os demais agentes de evangelização, mas de modo particular, mais próximo da equipe de missões, vocações e liturgia.

Para nós, permanecem os desafios da *Catequese Renovada*: a inculturação, com sua leitura da realidade; a formação dos catequistas; a organização da catequese e, ainda mais, a espiritualidade dos catequistas enraizada na Palavra de Deus; e afetividade na catequese.

"Estamos descobrindo um novo tipo de catequista: alguém que, integrado na comunidade, conhece bem a sua história e suas aspirações e sabe animar e coordenar a participação de todos."[37] Para tanto, é importante explicarmos um pouco a figura desses responsáveis pelo processo catequético, bem como a importância dos catequistas.

Nenhuma metodologia dispensa a pessoa do catequista em cada uma das fases do processo de catequese. A alma

---
[37] CR 144.

de todo método está: no carisma dos catequistas; em sua sólida espiritualidade e em seu transparente testemunho de vida. Ele é um mediador que facilita a comunicação entre as pessoas e o mistério de Deus, dos sujeitos entre si e com a comunidade. Por isso, em seu papel, deve empenhar-se para: criar condições mais apropriadas para a difusão da mensagem cristã; fazer suas atividades sempre amparadas na oração e fé no Espírito Santo. Ainda como mediador, o catequista não deve permitir que sejam obstáculos à atividade catequética a sua visão cultural, seu estilo de vida e sua condição social.

Num estado do Nordeste, duas catequistas evangelizaram crianças, adolescentes e jovens com grande zelo. Por serem cadeirantes, superaram muitos limites e, segundo entrevista feita com Frei Bernardo Cansi, na época assessor nacional de Catequese da CNBB, foram testemunhas da Palavra de Deus, animando outros catequistas a continuarem na missão de ser educadoras da fé. Essas catequistas escreveram um livro de estudo com o tema "Toma tua cadeira de roda e segue-me",[38] para atingir as pessoas com deficiência nas comunidades. Este livro foi escrito com a ajuda de um presbítero, Pe. Hélio, em uma diocese do Nordeste. Aprendemos delas a disponibilidade e a garra para nos colocarmos a serviço do Reino de Deus. Portanto, no processo catequético, além das muitas pessoas envolvidas, também devemos contar com a presença, o estímulo e o testemunho cristão de quem se prepara para ser catequista junto aos deficientes.

Ainda aprendemos que: o catequista é, de certo modo, o intérprete da Igreja junto aos catequizandos. Ele lê e ensina a ler os sinais da fé, entre os quais o principal é a própria Igreja.[39] Faz desse ministério um serviço prestado à comunidade. Assim, será de substancial importância a relação do catequista com seus destinatários. Essa relação nutre-se de

---

[38] O livro é apenas citado, mas não traz explicações maiores de diocese, paróquia etc. Provavelmente é um material arquivado apenas localmente. Cf. CANSI, Bernardo. Catequista em cadeiras de rodas, catequista desde menina: uma vida dedicada à catequese (entrevistas). *Revista de Catequese* 9, n. 33, pp. 64-68, 1986.

[39] DGC 35.

paixão educativa, de criatividade, de adaptação e respeito à liberdade e ao amadurecimento da pessoa.

O assessor da Pastoral de Adolescentes

Mas, afinal, quem levará adiante esse trabalho ou essa missão tão importante? Deparamos com a pessoa do assessor ou catequista. "Deve ser uma pessoa que aceita e assume seu próprio ser. O assessor é homem e mulher. É assessor a partir do seu próprio ser religioso, leigo, sacerdote. Irá ao encontro do ser humano a partir de sua natureza, do mundo, manifestando-se como homem e mulher de Deus. Ele se reconhece como filho de Deus. Sabe do envio de Deus feito aos adolescentes e livremente faz sua opção e vive comprometido com eles."[40] Pede-se, portanto, aos assessores amor, compromisso, dedicação e serviço aos adolescentes assistidos por eles.

Não podemos imaginar um assessor ou catequista caminhando isoladamente. Sendo assim, "o assessor caminha com o seu povo, é uma pessoa comunitária e de comunidade. Reconhece suas limitações e discerne os sinais dos tempos à luz de Deus. Sabe por onde ir caminhando, sempre a partir de Deus. O assessor sabe esperar. É um homem ou uma mulher de esperança, livre, capaz de libertar-se das ataduras. É libertador com alegria. Renuncia aos privilégios".[41] Diante de um mundo de desesperançados, exige-se dos assessores dessa Pastoral uma postura de esperança, confiança, alegria e ternura no serviço aos catequizandos adolescentes.

Recordamos ainda que o mesmo "tem como atitudes próprias: ir ao encontro dos adolescentes, escutar sua voz, acompanhar e servir. O assessor se forma constantemente, junto com outros assessores. Não caminha só. Vive em comunidade, e junto com outras pessoas cresce e se desenvolve nos diversos campos da vida humana".[42] É alguém

---

[40] CELAM, *Para uma pastoral de adolescentes*, p. 28.
[41] Ibid., p. 28.
[42] Ibid., p. 28.

que está disposto a adaptar os seus métodos às novas realidades, tem disposição para aceitar o diálogo e conselhos a respeito de seu trabalho e é aberto aos ensinamentos da Igreja. Em resumo, uma pessoa aberta, de profundo diálogo e madura.

O ciberespaço e a evangelização

Os catequistas precisam utilizar o ciberespaço para fazer ecoar o Evangelho de Jesus Cristo nos seus encontros de catequese. É um mundo fascinante, que atinge o ser humano, de modo especial os adolescentes e jovens. É por isso que "aos cristãos, especialmente aos que se dedicam à evangelização, apresenta-se o desafio de uma missão única e especial de enfrentar a mudança dos paradigmas da comunicação do século XXI. São questões que dizem respeito ao desenvolvimento dos povos e das culturas, ao individualismo *versus* comunidade, à emergência de novos problemas éticos e morais ligados à internet, ao desafio de novos métodos de apreensão e ensinamento, e não o último lugar que Deus e a religião devem ocupar no ciberespaço. Nada disso pode ser considerado superficial, porque estamos vivendo num patamar de formação de uma cultura virtual, uma cultura que se entrelaça com nossas crenças, códigos e cultos".[43]

Estamos diante de um novo lugar, um território a ser desbravado. Por esse motivo, a "necessidade da formação não somente para o uso ou a manipulação técnica para a internet, mas para a elaboração de uma educação para a liberdade com responsabilidade e para os valores ético-morais e religioso-cristãos do ser humano".[44]

A Igreja, sendo mãe e mestra, como já exortava nosso saudoso Papa João XXIII – preocupada com os avanços tecnológicos e com tudo o que se pode fazer de bom ou ruim no mundo virtual, no ciberespaço –, por meio de dois documen-

---
[43] PUNTEL, Joana T. *Cultura midiática e Igreja*; uma nova ambiência. São Paulo: Paulinas, 2005. p. 141.
[44] Ibid., p. 142.

tos: *Igreja e Internet* e *Ética e Internet* (2002), aborda a evolução do pensamento da Igreja sobre a comunicação através dos séculos e a preocupação com o ser humano enquanto usuário da Internet. Os documentos demonstram amplo conhecimento da cultura, das implicações, das vantagens e desvantagens de tal instrumento da atualidade. Defendem os valores e os propõem para que se viva plenamente e que a evangelização seja eficaz.[45]

"A Igreja, preocupada com sua incidência sobre a fé, a educação, a verdade, a ética, a moral entre outros aspectos, convida e incentiva, de muitas maneiras, a reflexão, a formação, a educação para a comunicação, ultrapassando o simples exercício técnico, distinguindo as vantagens e desvantagens que a Internet apresenta. Neste sentido, muitos encontros, convenções, painéis, mesas-redondas são realizadas por universidades católicas e outras instituições, com o objetivo de promover iniciativas de alto teor cultural para o aprofundamento e busca de caminhos que possam contribuir para o verdadeiro desenvolvimento da pessoa no aspecto humano-cristão."[46] Os adolescentes encantam-se por este mundo virtual e estão suscetíveis a toda informação e influência da Internet. E, se bem trabalhada a evangelização e o uso do ciberespaço, o anúncio de Jesus Cristo Salvador e Libertador pode chegar com autenticidade e eficácia.

---

[45] Ibid., p. 143.
[46] Ibid., p. 144.

Capítulo VII

Metodologia do Caminho

No episódio dos "Discípulos de Emaús", encontramos muitas semelhanças com a vida dos catequistas e catequizandos adolescentes. É necessário vermos como Jesus se comporta com eles. Por sua vez, como os discípulos acolhem a palavra de Cristo?

Dois discípulos caminham para Emaús, distante 32 km de Jerusalém. Sua conversa gira em torno de Jesus, pois se identificam com seu discipulado. A tristeza estampada em seus rostos era grande. Um deles era Cléofas. Jesus os alcança no caminho. Caminha com eles. Ele é peregrino com os seus. Deus ressuscitou Jesus e "tornou-o manifesto, não a todo o povo, mas a algumas testemunhas de antemão escolhidas por Deus, a nós que comemos e bebemos com ele".[1]

Na Catequese dos Adolescentes, a postura do catequista se assemelha à de Jesus, por isso: alcança os adolescentes, caminha com eles, conhece sua realidade, ouve seus anseios e dificuldades, desperta-os para a novidade do Evangelho.

Jesus fala com eles: "Ó insensatos e lentos de coração para crer tudo o que os profetas anunciaram! Não era preciso que Cristo sofresse tudo isso e entrasse em sua glória?";[2] encoraja-os na caminhada e explicava-lhes as Escrituras Sagradas e a relação com o Messias. Mas eles ainda estão

---

[1] At 10,40s.
[2] Lc 24,25-26.

surdos à Boa-Nova pascal. Têm dificuldades para entender a palavra dos profetas. *A Catequese dos Adolescentes iluminará, através da Palavra de Deus, a vida e a caminhada dos adolescentes, fazendo com que tenham familiaridade com o texto. Catequista e catequizando, ouvindo a Palavra da Escritura, possam ser capazes de fazer uma leitura geradora da vida, que os faça sentir a força transformadora da Palavra, levando-os a rezar com ela e dela fazendo brotar a sua oração pessoal e comunitária.*

Chegando à aldeia, Jesus é convidado a entrar e cear com eles. Cabe ao hóspede partir o pão. Com a bênção e a fração do pão começa uma refeição entre os judeus. Para Lucas, partir o pão é realizar a Eucaristia. As palavras da Eucaristia partem deste episódio: "Tomou o pão, abençoou-o, depois o partiu e distribuiu-o a eles".[3] *Olhando pelo prisma da Eucaristia, o catequizando adolescente aprende que as Sagradas Escrituras dão testemunho de Jesus Ressuscitado, e a Eucaristia dá o próprio Cristo Ressuscitado, vivo e presente. Por ela, catequista e adolescentes* são capazes de reconhecer o Senhor, presente em suas vidas e história. O fato de abrir os olhos e reconhecer Jesus é ponto fundamental para nós. "*Então, seus olhos se abriram e o reconheceram. Ele, porém, ficou invisível diante deles.*"[4]

Jesus desaparece da vista "corporal e sensível (dos discípulos). Nesse versículo Lucas nos deu todo o mistério do conhecimento de Cristo. O conhecimento cristão é um ter aberto os olhos para conhecer o Cristo da glória e da fé no Cristo da história, que já desapareceu. Cristo, com sua morte e ascensão, desapareceu da vista dos seus fiéis, porém entrou mais do nunca nos olhos da fé que o 'reconhecem' como o seu 'Senhor' (Kyrios)".[5] *O catequista, quando apresenta a pessoa de Jesus aos adolescentes, desperta neles a alegria do encontro com o Mestre, a experiência do conhecimento de Jesus, a partilha de vida, a comunicação de Deus,*

---

[3] Lc 24,30.

[4] Lc 24,31.

[5] LEAL, Juan; DEL PARAMO, Severiano; ALONSO, José. *La Sagrada Escritura, Nuevo Testamento*, p. 774.

o "abrir olhos" na presença de Jesus, que permanece no coração de quem ama e guarda sua palavra.

Voltaram para Jerusalém comentando: "não ardia o nosso coração quando ele nos falava pelo caminho, quando nos explicava as Escrituras?".[6] *A Catequese com Adolescentes terá o papel de "Emaús", no sentido de alimentar a esperança dos adolescentes, abrasar seus corações, alimentar a certeza de que Jesus vive, dar um salto de qualidade para a vida, sendo testemunhas do Ressuscitado. Para tanto, catequista e catequizando são chamados ao despojamento, sair de si mesmos, gerando um espírito de anunciadores e missionários da boa-nova da vida.*

O texto dos "Discípulos de Emaús",[7] portanto, é em si mesmo uma proposta metodológica que apresenta sete passos da catequese.

Passo da inculturação: Caminhar ao "Encontro dos Adolescentes".[8] Aqui percebemos que o método é circular e dinâmico. Circular porque o catequista (no caso Jesus) já passou pelo processo de catequese. Foi catequizado e agora catequiza, aberto a novos elementos que o "recatequizam". E é dinâmico porque acontece "no caminho". Não é o templo nem o cenáculo. É no caminho: na rua, na estrada, no ônibus, na porta das casas. No caminho encontramos o outro e o acolhemos com o coração do Ressuscitado.

Passo interrogante: ver com os "olhos do Ressuscitado".[9] Prossegue a dinâmica da inculturação. O encontro com o outro é diálogo, acolhida de suas interrogações. Atenção ao momento dele. Não se vai ao outro com respostas já elaboradas. A verdade que é Cristo, a verdade que eu conheço, é uma pessoa. Não se reduz a um bloco de respostas feitas. Eu ouço o outro, interrogo-o, partilho. Então a Verdade emergirá límpida, no ritmo do outro que caminha. O próprio Jesus,

---

[6] Lc 24,32.
[7] Lc 24,13-35.
[8] Lc 24,13-15.
[9] Lc 24,16-24.

em vez de revelar-se logo, inicia o diálogo com uma interrogação: "O que é que vocês andam falando pelo caminho?".[10]

Passo didático: "Iluminar com a Palavra de Deus".[11] O catequista deve conhecer a Bíblia e o Magistério, e saber usá-los. À sua luz ele ouve atentamente as interrogações. Percebe e lê os sinais dos tempos. O catequista deve ser um mestre em ouvir e discernir. Assim, ele ilumina o diálogo com a Palavra. Dá sentido à História. Esclarece. Torna significativos os passos já feitos. Isto desperta nos discípulos um novo ardor, ainda inconsciente, mas sentido por eles. A catequese está em processo.

Passo político: "A promoção humana".[12] Quem interroga, quem saber fazer perguntas, quem busca na Palavra uma luz para a História e, nesta História, reconhece os passos de Deus, está aberto à vida e à esperança. O agir, portanto, nasce de uma fé interrogada e respondida, uma fé viva e inteligente. Sem o momento inculturador e o momento didático não se chega ao passo político: "Fica conosco, queremos te acolher, vive conosco, pois a noite vem com seus perigos de assalto, escuridão e morte". Da conversa nasce o interesse pela vida e pela justiça. É o passo político, prático e social. Aqui, percebemos que a caridade é a melhor das políticas, e que a política é uma forma de caridade. É a promoção humana.

Passo celebrativo: "Celebrar a partilha na liturgia".[13] O momento político não é o último passo. Nem poder ser visto como ponto de chegada do processo catequético. Geralmente, os pontos de chegada sofrem a tentação de definir o método. Aqui não. Todos os passos são necessários e cristãos. Mas, no seu conjunto, se definem pelo seguimento. Assim, o seguimento de Cristo implica um passo político, como um passo celebrativo. Depois das perguntas, depois da iluminação teologal e da práxis, a comunidade se une em festa e celebração. Não basta falar sobre Deus (passo didático). É necessário falar com Deus (passo celebrativo).

---

[10] Lc 24,17.
[11] Lc 24,25-27.
[12] Lc 24,28-29.
[13] Lc 24,30-31.

A catequese e a liturgia, neste método, têm lugar privilegiado: são complementares. As duas situam-se no seguimento de Cristo. Por isso, catequista e catequizando repartem os pães juntos. Naquele instante, os olhos do corpo não veem mais o Senhor. Mas os olhos do coração o percebem e reconhecem. Cristo não está mais fora, mas no coração que agora toma consciência de seu ardor.

Passo interpretativo: "Rever tudo com novo ardor".[14] O novo ardor já estava latente durante a conversa. Foi com um ardor renovado pela amizade e pela proximidade que a política aconteceu e mereceu lugar no seguimento do Ressuscitado. O ardor queima e dá alma à práxis. Depois da celebração, tudo isso se torna consciente: "Não estava o nosso coração ardendo quando ele nos falava pelo caminho e nos explicava as Escrituras?". Note-se bem: nos falava pelo caminho (passo interrogante) e explicava as Escrituras (passo didático): a catequese deve acontecer de forma dialogal. Sem estes dois passos não há novo ardor. Por ser bom, agora o novo ardor se espalha. Sai do coração e chega à mente, à consciência dos discípulos. Eles compreendem e interpretam o caminho percorrido.

Passo missionário: "Reagir com uma nova evangelização".[15] Os discípulos compreendem quem é Cristo, aquele que lhes falava e os inflamava. Animados pela mística pascal e alimentados na celebração, eles retomam o caminho. Tornam-se os novos evangelizadores. Saem para anunciar aquilo que lhes preenche o coração: Jesus vive! Refazem o trajeto e se tornam catequizadores da própria Igreja, da instituição: anunciam aos apóstolos e demais tudo o que experimentaram. Os discípulos de Emaús não são doutores, nem fazem parte do grupo dos Doze. Mas estão qualificados para a missão em virtude do processo realizado e da experiência que fizeram. A Igreja (os apóstolos) acolhem seu anúncio. Quem catequiza com novo ardor, quem catequiza com o coração de discípulos, catequiza com a eficácia que vem do Espírito. Aqui o método retorna ao primeiro passo; o passo missionário inaugura um novo ciclo, no qual os catequizandos partem em missão.

---

[14] Lc 24,32.
[15] Lc 24,33-35.

Capítulo VIII

Metodologia experiencial

Não basta termos roteiros preparados para uma catequese, se não atingirmos a meta em questão. É fundamental conhecer as características dos adolescentes catequizandos das comunidades com os quais trabalhamos ou caminhamos, percebendo sua capacidade de compreensão, seus preconceitos, seus costumes, sua família, suas aspirações e cultura.

A catequese vai se apoiar na experiência da vida, da amizade, do mundo do adolescente, proporcionando ao grupo uma experiência de Igreja-comunidade e ajudando a compreender o universo da fé que é também o das relações de pessoas.

A catequese, mais do que ensinar doutrinas e conteúdos, deve revelar à luz do mistério de Cristo o sentido cristão da experiência vivida pelos adolescentes. Esta experiência é um dos valores que eles estão por descobrir para construir a própria personalidade.

O objetivo da catequese é ensinar os adolescentes a lançar um olhar de fé sobre esses valores, mostrando como todos os valores encontram sua significação na pessoa de Jesus, que os assume em sua pessoa de Homem-Deus, purificando-os e elevando-os na caridade a serviço de Deus e dos seres humanos. Por isso, a catequese fará "um esforço sincero para integrar a vida com a fé, a história humana com a doutrina revelada, a fim de que o homem consiga a sua verdadeira libertação".[1]

O catequista deve anunciar Jesus Cristo com toda a força de sua mensagem. Anunciar que esse Cristo ressuscitou e caminha com o adolescente e o jovem. Não ensinar as verdades da fé friamente, mas colocar vida na mensagem, dando de si mesmo na catequese, isto é, testemunhando aquilo que se ensina.

O estudo do adolescente vai além do interesse cognitivo, especialmente no que se refere à etapa evolutiva do ser humano, para entender todo um processo de aquisições e motivações da sociedade atual. Grandes são os desafios enfrentados pelos adolescentes e jovens em nossa realidade, e maior ainda nossa responsabilidade como Igreja, vendo os adolescentes não mais polarizados pelo capitalismo ou socialismo, mas preocupados com o gênero humano, com o tema ecológico, com o mundo da Internet, com as questões da paz mundial, entre outras.

Por muito tempo, foi deixada de lado a importância dos sentimentos e emoções das pessoas. À medida que o mundo evoluiu, elas tornaram-se mais racionais, mais competitivas, mais egoístas, menos comprometidas e muitas vezes mais infelizes. E verificou-se que não adianta tanta evolução, se as pessoas não forem felizes, coerentes com seus sentimentos. Só a integração da mente e do coração as tornará inteiras, competentes e capazes de transformar seus potenciais em realidade.

É nesse contexto que queremos olhar os catequizandos adolescentes e jovens das comunidades: *pessoas que farão a experiência de Jesus Cristo, sendo de fato felizes e comprometidas, para que este mundo possa ser diferente.*

A iniciação catequética

O período da iniciação dos adolescentes é de suma importância, pois é nele que, pela catequese, "se estrutura a

[1] CELAM, *Conclusões da Conferência de Puebla*, n. 979.

conversão a Jesus Cristo, a partir daquela adesão inicial. Os cristãos, já evangelizados, são iniciados no mistério da salvação e num estilo de vida evangélico, mediante um ensinamento sistematizado e um aprendizado devidamente prolongado na comunidade, com especiais experiências de oração, comunidade e engajamento missionário. Trata-se, de fato, de iniciá-los na vida cristã".[2] Também o documento *Catequese Renovada* descreve a catequese como "um processo de educação pessoal e comunitária da fé, dentro do dinamismo da evangelização, da opção por Jesus Cristo, da conversão a ele".[3]

O *Diretório Nacional de Catequese* recorda-nos que "urge para os adolescentes um projeto de crescimento na fé, do qual eles mesmos sejam protagonistas na descoberta da própria personalidade, no conhecimento e no encantamento por Jesus Cristo, no compromisso com a comunidade e na coerência de vida cristã na sociedade".[4]

A catequese "está, pois, a serviço da iniciação cristã. Sua atividade específica é introduzir os catequizandos já batizados ou os catecúmenos que se preparam para o batismo na vida da comunidade cristã, no estilo evangélico de vida, nos mistérios da fé, no seguimento e na doutrina de Jesus, com suas implicações na maneira de conviver e na necessidade de transformar o mundo".[5]

Nesse sentido a catequese, considerada como "iniciação, não significa uma supérflua introdução na fé da Igreja. Trata-se de um processo exigente, uma caminhada, um itinerário. Aquilo que os ritos de iniciação representam para a vida sociocultural de um grupo, a catequese deve representar para a vida cristã: é processo de iniciação, preparação e compreensão vital e de acolhimento dos grandes segredos (mistérios) da vida nova revelada em Jesus Cristo. O cristão convertido vai, então, aprofundando a acolhida do amor do Pai, do Filho e do Espírito e se colocando na dinâmica do amor serviçal aos

---

[2] DGC 63.
[3] CR 64-65, 118, 144, 316, 318 etc., e toda a quarta parte.
[4] DNC 195.
[5] DNC 65; cf. DGC 64.

irmãos. Neste itinerário ele vai experimentando a fé nos gestos salvíficos, nas palavras de Jesus Cristo, vividos e comunicados pela Igreja através do testemunho de vida, da Palavra e dos sacramentos, e se abrindo à esperança que não engana (escatologia) etc. Esta era a função maior da catequese no início do cristianismo, no processo conhecido como catecumenato e que é recomendável resgatar hoje com a necessária inculturação, particularmente em relação aos adultos".[6]

Em todos esses marcos da catequese da iniciação, não se visa apenas ao conhecimento, mas sobretudo à prática dos valores evangélicos diante dos apelos de Deus discernidos nos sinais do nosso tempo. O movimento catequético brasileiro tem enfatizado a necessidade de que tais conteúdos sejam transmitidos à medida que se faz uma caminhada de fé em comunidade, numa interação entre as formulações da fé e a vida.[7]

Para alcançar eficazmente os objetivos desta iniciação cristã almejada pela catequese, fazendo a interação entre fé e vida, hoje se propõe como roteiro metodológico para qualquer destinatário (adultos, jovens ou crianças) um processo catecumenal, entre os muitos possíveis.[8]

O documento conciliar *Evangelii Nuntiandi* nos diz: "A propósito dos jovens, sobretudo, afirma-se que eles têm horror do fictício, àquilo que é falso e que procuram, acima de tudo, a verdade e as transparências".[9] Mais do que nunca, o testemunho de vida, o diálogo sincero tornam-se condição necessária para a nossa pregação e nossa evangelização.

Conteúdo da catequese de iniciação

A Igreja nos chama a atenção para a integridade do conteúdo a ser transmitido, pois "aqueles que se tornam

---

[6] CNBB, *Com adultos, catequese adulta*, n. 103, apud DGC 65-66.
[7] CR, toda a quarta parte.
[8] Cf. DNC, nn. 45-50. CNBB. *Iniciação à vida cristã*; um processo com inspiração catecumenal. Brasília: Ed. CNBB, 2010. (Estudos da CNBB, n. 97.); LELO, Antonio Francisco. *Catequese com estilo catecumenal*. São Paulo: Paulinas, 2006.
[9] EN 76.

discípulos de Cristo têm o direito de receber a 'palavra da fé'[10] não mutilada, falsificada ou diminuída, mas sim plena e integral, com todo seu rigor e com todo o seu vigor. Atraiçoar em qualquer ponto a integridade da mensagem é esvaziar perigosamente a própria catequese e comprometer os frutos que Cristo e a comunidade eclesial têm o direito de esperar dela".[11]

Recorremos à tradição da nossa Igreja, ou seja, aos sete marcos fundamentais da catequese, assim considerados:

- *as três etapas* recebidas da tradição dos Santos Padres e das figuras importantes da Igreja nos primeiros séculos, do período do catecumenato (dimensão histórica ou narrativa da fé), com seus respectivos conteúdos: Antigo Testamento, Vida de Jesus Cristo e História da Igreja;

- *as quatro colunas* recebidas da tradição dos catecismos (dimensão do conhecimento da fé), com seus respectivos conteúdos: Credo (fé professada), Sacramentos (fé celebrada), Bem-aventuranças e Mandamentos (fé vivida = moral); Pai-Nosso (fé orada).[12]

Um conteúdo especial, que perpassa todos esses e se confronta com eles, é a própria realidade. Trata-se do célebre princípio proposto por Medellín e já citado em *Catequese renovada*: "As situações históricas e as aspirações autenticamente humanas são parte indispensável do conteúdo da catequese".[13]

Iremos partir, portanto, não do fato revelado, mas da "aspiração à vida" dos catequizandos adolescentes. O primeiro passo será uma catequese de olho na sua realidade, para depois (segundo passo) irmos para uma catequese propriamente dita. Bem nos recorda o documento *Catequese com Adultos*, sobre a importância de "acompanhar pessoalmente o catequizando em sua experiência de fé no seio

---

[10] CT 30, apud Rm 10,8.
[11] CT 30.
[12] DGC 130, 108, 240.
[13] Medellín, doc. 8, n. 6; cf. CR 73-74; 93; 101.

da comunidade cristã e particularmente em sua conversão efetiva na vivência do Evangelho".¹⁴ Nesse passo deveremos conduzir os catequizandos ao centro do Mistério da Fé na qual todo cristão é chamado a viver em plenitude. Ligar aqui o Mistério à sua realidade (Jesus Cristo na vida dos adolescentes e jovens). Assim iremos, passo a passo, centralizar a catequese no Mistério Pascal de Cristo e nos sacramentos da iniciação.¹⁵

Para os adolescentes que ainda não descobriram a realidade da fé na sua plenitude e profundidade, o catequista deverá ver a situação existencial deles, a fim de levá-los a integrar o seu modo de pensar, querer e agir às exigências da vida de fé.

Daí a importância de apresentar o Mistério como um valor, pois, para os adolescentes, tudo o que os incita a viver é valor. Partindo desse pressuposto, eles encontrarão o mistério de Deus, com os mesmos interesses elevados que brilham diante dos seus olhos. "Eles se aperceberão que no fundo de todo valor há uma chamada de Deus, profunda, que, em Cristo, salva, eleva e sublima."¹⁶

O estudo, com abertura para o diálogo, poderá partir da reflexão da vida – com temas que mostrem a realidade dos adolescentes e jovens, despertando neles a sede de viver, a amizade, a socialização, a ajuda mútua, as experiências humanas que constroem a liberdade. Aponte da mesma forma, os desafios vindos pelo neoliberalismo internacional, como o: "Sistema que, apoiado numa concepção economicista do homem, considera o lucro e as leis do mercado como parâmetros absolutos em detrimento da dignidade e do respeito da pessoa e do povo".¹⁷

É essencial criar senso crítico nos adolescentes e jovens, para que possam ser movidos verdadeiramente pelos valores evangélicos, sendo pessoas convertidas e atuantes

---

¹⁴ CNBB, Com adultos, catequese adulta, n. 124.
¹⁵ CR 30.
¹⁶ MAZZARELLO, Maria Luísa, Revista de Catequese, n. 5, p. 72.
¹⁷ JOÃO PAULO II, Ecclesia in America, n. 56.

na Igreja e no mundo. Agindo assim estaremos firmando "a identidade católica dos fiéis para que possam assumir os critérios evangélicos que lhes possibilitem analisar o que está acontecendo".[18]

Dentro dessa linha poderemos trabalhar alguns temas, tais como: Jesus Cristo, presente na história e na vida dos seres humanos (Jesus Cristo presente ontem, hoje e sempre); o chamado de Cristo para viver o ideal evangélico (revelando a plenitude da vida que o Cristo quer realizar em nós); a vocação cristã do homem no universo (ligando a vida de Cristo com a dos adolescentes, levando em conta a realidade presente na vida deles). Mais do que nunca é indispensável trazer uma palavra de esperança e coragem às pessoas e apresentar, com clareza, o "Verbo encarnado",[19] que veio morar conosco, Senhor da História, presente na vida e na caminhada dos adolescentes e jovens do nosso tempo.

Chegamos ao momento da escolha por Jesus Cristo, e o ensinamento do Concílio Vaticano II nos ilumina: "Tudo o que é genuinamente humano deve encontrar eco nos discípulos de Cristo".[20] É necessário aperfeiçoar esse ser humano, integrando o homem com a virtude teologal da fé. Os adolescentes deverão compreender, nesse ponto, que "Jesus Cristo é a chave, o centro, o fim do homem".[21] E ainda mais: acolher a Palavra, aceitar Deus na própria vida, é dom da fé. Ele exige, porém, certas condições da parte do homem: conversão e seguimento... A fé é como uma caminhada. Mais exatamente é seguir Jesus no caminho.[22] E quando o adolescente entra nesse seguimento de Jesus, faz uma opção de vida, uma adesão à pessoa do Mestre, a Deus e ao seu projeto para o mundo.

Mas, afinal, como chegar à reflexão do Mistério? Por meio de Jesus, o adolescente vai descobrir o Deus da Aliança, do diálogo, da amizade, da ternura. Despertar o amor à

---

[18] CNBB, *Com adultos, catequese adulta*, n. 28.
[19] Jo 1,14.
[20] GS 1.
[21] GS 10.
[22] CR 64.

vida e o respeito à dignidade humana etc. Nesse ponto poderemos partir do ensinamento da doutrina, procurando falar na linguagem do adolescente, para que ele possa ligar o ensino com a sua vida; portanto, uma linguagem de Fé-Vida.

Mistério celebrado

E para viver e celebrar o mistério, o adolescente deverá entrar no campo da liturgia. Descobrirá o Mistério Pascal de Jesus celebrado na liturgia como o maior e mais inigualável serviço público prestado aos homens e as mulheres: a libertação do terrível poder do pecado e da morte e a chegada do dom da ressurreição. O catequizando entenderá na liturgia que Jesus é o "leitourgos por excelência".[23] Melhor ainda: Jesus Cristo é *liturgia*. Liturgia é a própria prática de Jesus até as últimas consequências em favor da vida, e presença do jeito de Deus entre nós como serviço público.

Falamos de liturgia como sendo o próprio Evangelho do Reino, ou seja, o modo de ser e agir de Deus como a Grande Novidade. O Reino novo e definitivo é o coração da Boa-Nova, do Evangelho de Jesus.

A liturgia celebrada na comunidade, envolvendo pais e filhos, adolescentes e crianças, jovens e adultos, é a melhor evangelização, a melhor catequese, pois ali é o próprio Senhor vivo e ressuscitado quem fala e ensina. Explicitar, na celebração, da melhor maneira possível esta presença viva da liturgia divina, eis um grande desafio!

A formação eucarística dos adolescentes e jovens vai levá-los, como batizados, a conhecer melhor a Bíblia e a celebrar o Mistério Eucarístico de Jesus. Assim, "a formação litúrgica constituirá parte importante na iniciação das crianças, adolescentes e jovens na vida da comunidade cristã".[24] Tal formação litúrgica requer que o batizado adolescente saiba por que celebra, para que, para quem e com quem celebra. Paulo Apóstolo, o grande formador de comunida-

---

[23] Hb 8,2.6; 10,11-12.
[24] CR 136.

des, fez questão de mostrar à comunidade de Corinto o que significava "Celebrar".²⁵

"A Eucaristia constitui o centro vivo e permanente, em volta do qual se congrega a inteira comunidade eclesial."²⁶ A celebração eucarística é um caminho para continuar crescendo e sendo fiel ao compromisso batismal; por isso, o batizado participa, celebra, "comunga" e se alimenta da Palavra e da Eucaristia para poder "partilhar" tudo o que é e o que tem, com sua comunidade ou com outras comunidades mais carentes.

O Papa João Paulo II nos recorda que: "a Eucaristia é o lugar do encontro com Cristo vivo. Por isso, os Pastores do Povo de Deus na América, mediante a pregação e a catequese, devem esforçar-se em dar à celebração eucarística dominical uma nova força, como fonte e cume de vida da Igreja, garantia da comunhão no Corpo de Cristo e convite à solidariedade como expressão do mandato do Senhor: 'Como eu vos tenho amado, assim também vós deveis amar-vos uns aos outros' (Jo 13,34)".²⁷ Assim, é muito importante que aconteça a formação litúrgico-eucarística na comunidade, para que a mesma possa celebrar a Palavra, o amor, a partilha e a solidariedade.

Portanto, fazer catequese é, na realidade, comunicar a doutrina de Cristo, mas "esta doutrina não é um corpo de verdades abstratas: ela é comunicação do mistério vivo de Deus".²⁸

É fundamental a existência de grupos de adolescentes e jovens nas comunidades. Estes sejam preparados: "Através da oração, estudo, fraternidade, atividades transformadoras, para integrar pouco a pouco a comunidade maior. Para isso, esses grupos infantojuvenis devem sempre manter estreita ligação com a comunidade, realizando diversos serviços na celebração litúrgica, nos círculos bíblicos e nas

---

²⁵ 1Cor 11,17-33.
²⁶ LG 26.
²⁷ JOÃO PAULO II, *Ecclesia in America*, n. 35, apud *Dies Domini*, n. 69.
²⁸ CT 7.

demais atividades comunitárias".²⁹ Para tanto, são necessárias articulação e organização através das equipes de liturgia, envolvendo todas as pessoas que auxiliam a comunidade nas celebrações, especialmente os adultos, jovens e adolescentes. O adolescente envolvido nesse processo terá maior presença, vivência e participação.

O despertar das vocações

"A necessidade dos fiéis participarem na Eucaristia e as dificuldades ligadas à escassez de sacerdotes manifestam a urgência de promover as vocações sacerdotais."³⁰ Especialmente na adolescência, quando eles estão em tempo de conhecimento e descobertas, essa decisão seja acompanhada e amadurecida através das equipes vocacionais das dioceses e paróquias, e especialmente pelos próprios animadores vocacionais das comunidades.

"Aqui está o desafio fundamental que enfrentamos: mostrar a capacidade da Igreja para promover e formar discípulos e missionários que respondam à vocação recebida e comuniquem por toda parte, transbordando de gratidão e alegria, o dom do encontro com Jesus Cristo. Não temos outro tesouro a não ser este. Não temos outra felicidade nem outra prioridade senão a de sermos instrumentos do Espírito de Deus na Igreja, para que Jesus Cristo seja encontrado, seguido, amado, adorado, anunciado e comunicado a todos, não obstante todas as dificuldades e resistências. Este é o melhor serviço – o seu serviço! – que a Igreja deve oferecer às pessoas e nações."³¹

O despertar vocacional nessa idade deveria atingir os vários campos: profissional, artístico, cultural e religioso. É importante que esse despertar venha através de profunda autonomia, para que a decisão vocacional seja feita com muita transparência e liberdade. No campo religioso, é in-

---

[29] CR 135.
[30] JOÃO PAULO II, *Ecclesia in America*, n. 35, apud *Dies Domini*, n. 69.
[31] DAp 14.

dispensável recordar as diversas vocações: laical, sacerdotal, religiosa, missionária; e que haja nessa fase o empenho em ajudar cada adolescente, através de um acompanhamento personalizado, a encontrar a sua vocação cristã. O continente americano possui uma numerosa juventude, rica de valores humanos e religiosos. Por isso, deve--se cultivar os ambientes onde nascem as vocações para o sacerdócio e para a vida consagrada, e convidar as famílias cristãs a ajudar seus filhos, quando se sintam chamados a seguir esse caminho. Com efeito, as vocações são o dom de Deus e nascem para a comunidade de fé, sobretudo, na família, na paróquia, nas escolas católicas e em outras organizações da Igreja.[32]

---

[32] JOÃO PAULO II, Ecclesia in America, n. 40.

Capítulo IX

O PLANEJAMENTO DA CATEQUESE

A catequese requer uma organização própria, planejamento e avaliação contínua. O contrário é a espontaneidade e a improvisação. Qualquer projeto formativo deve sustentar-se numa estrutura adequada e eficaz que assegure a continuidade histórica. Sem organização, os grupos de adolescentes ficam isolados, sem clareza de objetivos e sem possibilidades de gerar consensos.

O planejamento elabora um processo que visa ajudar o adolescente na sua caminhada de transição da infância para a juventude, iluminada pela fé. Nesse sentido, será preciso mostrar aos adolescentes a ideia de caminho com ideais a serem vencidos, como do atleta que descobre os objetivos para conseguir uma "medalha de honra". É um trajeto, mas é imprescindível preparação e organização.

A organização, por sua vez, educa para a comunhão e a participação. Promove o protagonismo do adolescente e o abre a outros setores da Igreja, dentro de uma pastoral de conjunto. É representativa, democrática, tem como centro os próprios adolescentes e se vai estruturando a partir da base até os níveis mais altos. Por outro lado, o caminho prático para realizar concretamente estas opções pastorais fundamentais de evangelização é de uma Pastoral Planejada, a fim de que possamos chegar aos objetivos traçados para essa pastoral.[1]

---

[1] Puebla 1306.

Para tanto, é essencial envolvimento e participação, pois assim nos orienta o documento de Puebla: "A ação pastoral planejada é a resposta específica, consciente e intencional às necessidades da evangelização. Deverá realizar-se num processo de participação em todos os níveis das comunidades e pessoas interessadas, educando-as na metodologia da análise da realidade, para depois refletir sobre esta mesma realidade do ponto de vista do Evangelho e a fazer deles o uso mais racional na ação evangelizadora".[2]

Finalmente, não existirá processo, desenvolvimento e reconhecimento do caminho andado, nem impulso à dinâmica grupal e pessoal, sem uma adequada avaliação. Uma avaliação que reconheça e vise à conquista dos objetivos colocados, dos processos pessoais, grupais e de acompanhamento, as mudanças geradas nas pessoas e o meio ambiente (os resultados). Uma avaliação que permita identificar os fatores que favoreceram e obstaculizaram ditos elementos. Avaliações durante e no final de cada etapa, formais e informais, as quais resgatem o sentir e o pensar dos agentes e destinatários e permitam desenvolver e trabalhar os resultados para uma contínua melhoria da Ação Pastoral.

Método

O método e a linguagem utilizados devem conservar-se verdadeiramente como instrumento para comunicar a totalidade e não apenas uma parte das "palavras da vida eterna",[3] ou dos caminhos da vida.[4] Portanto, método e linguagem têm de estar em consonância com o que será ensinado e transmitido a partir do ensinamento do Evangelho e da Igreja.

A partir do método *ver, julgar, agir*, aprendemos a dar alguns passos. No passo do *ver*, num primeiro momento, somos chamados a olhar a realidade e dentro dela: o estudo, a

---

[2] Puebla 1307.
[3] Puebla 31, apud Jo 6,69; cf. At 5,20; 7,38.
[4] Puebla 31.

pesquisa, o conhecimento e as justificativas. Tudo isso passando pelos aspectos: social, cultural, econômico, político e religioso. Um segundo passo será ver as consequências (os efeitos, os sintomas, os fatos) e, por último, é preciso ver as causas (o "porquê" – o diagnóstico), sempre atentos para não confundir causa aparente com causa real.

É fundamental ser bem objetivo, e para isso é preciso: tempo, observação e aprofundamento. Assim, toda catequese que não for baseada no real, na verdade, na força de mudar as estruturas desumanas, não será uma catequese a partir do Reino de Deus, mas do medo, da covardia, portanto, anticristã. Sendo assim, deve levar os catequizandos a se converterem, para ocorrer as mudanças: na família, na sociedade e com si mesmos. Para tanto é importante: "Proporcionar uma educação da fé comprometida com a vida concreta e global da pessoa e da comunidade".[5]

No passo do *julgar*, aprendemos que é necessário perceber o que está ajudando ou impedindo as pessoas de se libertarem. Para isso são convenientes a análise e a reflexão das causas e dos "porquês". O básico nessa fase são os critérios para julgar, que passarão pelos caminhos: Bíblia, palavra dos Pastores, documentos da Igreja, Ciências Humanas (Sociologia, Psicologia, Filosofia, História). "Estes aspectos vêm dar sentido profundo e último aos problemas que são levantados e aprofundados no ver. Normalmente, nesta parte do encontro de planejamento são convidados peritos para ajudar a aprofundar critérios relacionados com os problemas levantados no ver. Por isso, percebemos muito bem a importância da formação humano-cristã e a consciência crítica. Toda ação que modifica as relações entre os homens cria a consciência crítica."[6]

Nesse passo, o grupo irá questionar sobre o crescimento em sua consciência crítica diante da realidade. Não poderão faltar nesse passo os livros utilizados pelo catequista: a Bíblia e a Vida (Realidade). Daí a importância que os catequizandos adolescentes escutem a fala de Deus pela Bíblia,

---

[5] REVISTA DE CATEQUESE, *Catequese Familiar Rural*, p. 92.
[6] BORAN, Jorge, *O senso crítico e o método ver, julgar e agir*, p. 151.

ligando-a com o hoje. Dessa caminhada sairão pessoas com critérios cristãos, comprometidas com a Boa-Nova da vida.

No passo do *agir*, passamos a saber como montar um plano de ação. A ação em favor do irmão faz parte integrante da vida do cristão. Assim, "a ação deve atingir as pessoas: individualmente, para que haja conversão e para que ocorra o passo para qualquer ação que é a amizade. A ação deverá também atingir as pessoas em grupo: nos vários tipos de grupo, tais como – famílias, jovens, operários, domésticas, clubes de mães, camponeses",[7] adolescentes, e outros grupos de pessoas que possam ser atingidos nas comunidades e em outros espaços.

Esse momento é o da ação, do engajamento e do compromisso. Não podemos ser somente ouvintes da Palavra. Temos que ser agentes da Palavra ouvida. É necessário levar ao engajamento os destinatários da Palavra. Daí a importância da catequese que assume as angústias e as esperanças no mundo de hoje, a fim de oferecer uma libertação plena. Assim nos diz o documento de Medellín: "É tarefa da catequese ajudar a evolução integral do homem".[8] Devemos rever tudo aquilo que é obstáculo à evangelização, purificando assim a face da Igreja perante o mundo de hoje.

Celebração

Sabemos que a liturgia é vivida em diversos momentos: na celebração da Palavra, na Celebração Eucarística, na Liturgia das Horas e nas diversas orações comunitárias do povo. "A liturgia, como ação de Cristo e da Igreja, é exercício do Sacerdócio de Jesus Cristo."[9] Dessa forma, não podemos passar por esses passos sem celebrar o que foi estudado, planejado, debatido, refletido e praticado no grupo a partir dos objetivos traçados. A celebração será momento de interiorização profunda e exteriorização simbólica. Essa

---
[7] Ibid., p. 151.
[8] Medellín, 8.9-13.
[9] CR 224.

celebração ajuda a assumir o que foi refletido, discutido e praticado no grupo.

É importante para o grupo rezar o acontecimento. É o momento de oração, de uma prece, de um canto, ou uma reflexão. "Podemos vivenciar esse momento de diversas maneiras: rezando uma oração costumeira; rezando orações espontâneas; também dramatizando uma parábola do Evangelho com reflexão sobre o tema; ouvir alguma música de interiorização; usando expressão corporal; realizando vigílias, caminhadas, celebrações Eucarísticas ou da Palavra, celebração penitencial etc."[10]

Também nesse momento pode ocorrer (onde ainda não aconteceu a revisão da equipe) uma avaliação da caminhada em que se praticou o método. O que avançou ou o que retrocedeu, onde faltou mais engajamento; o que fez o grupo crescer e comprometer-se; qual foi a ação mais positiva vivenciada; mudou mesmo a realidade a ser transformada?

É bom provocar a criatividade do grupo para examinar a fé com novos gestos. Cristo soube unir os acontecimentos e vivia essa dimensão orante. Ele falava com o Pai sobre o que via e sentia. Da mesma forma "o cristão, movido pelo Espírito Santo, há de fazer da oração motivo de sua vida diária e de seu trabalho; a oração cria nele um clima de louvor e agradecimento ao Senhor, aumenta-lhe a fé, conforta-o na esperança operosa, leva-o a entregar-se aos irmãos e a ser fiel na faina apostólica, torna-o capaz de formar comunidade. A Igreja que ora em seus membros une-se à Igreja de Cristo".[11]

Processo de planejamento

Vai desde a decisão de se fazer um *plano*, passando pela busca das *diretrizes*, a forma de executá-lo, até o processo de *avaliação*. O plano é fundamental para nosso trabalho. Não se pode imaginar um plano de pastoral sem objetivo ou

---

[10] SOUZA, Matusalém; VERAS, Manoel, *Revista de Catequese*, n. 33.
[11] Puebla 932.

desarticulado. Para tanto "um plano de pastoral se define em função do objetivo escolhido e se articula levando em conta o nível de suas atividades e os vários tipos de recursos (humanos, materiais, financeiros etc.) disponíveis para a realização deste objetivo".[12]

Apresentamos os passos a serem dados para a execução de um *plano*.

- O primeiro passo é definir o *objetivo*, isto é, aquilo que queremos com a nossa ação voltada aos adolescentes e jovens. Esse objetivo deverá ser a meta, a finalidade, a resposta para as perguntas: "Para que vamos fazer isso?", "O que vamos fazer?" e "Por que fazê-lo?". Devem brotar das necessidades que a realidade apresenta e não da ideia, ou do gosto, ou da opinião de uma pessoa. Seria fundamental ver e analisar a possibilidade de realizar tal ação em diversas etapas.

- No segundo momento, aprendemos também que não basta definir o objetivo: é necessário estabelecer *justificativas* para explicar esse objetivo. A pergunta que virá agora é: "Por que escolhemos essa meta?". Nesse momento é importante dar razões reais, verdadeiras, do referido objetivo.

- No terceiro passo traçamos a "Política de Ação, isto é, o modo, o 'como' vamos trabalhar os diversos caminhos e qual é a melhor maneira de atuar".[13] Ainda é isso que determina se a meta (objetivo) vai transformar ou não os problemas vistos no ver. São, portanto, as técnicas e as táticas utilizadas para realizar os objetivos.

- Neste quarto passo vamos escolher as *Prioridades*: é o que deve vir em primeiro lugar. "São as partes mais importantes e mais urgentes, que mais preocupam um grupo e que precisam ser atingidas logo. São as áreas da realidade mais necessitadas, em que se en-

---

[12] CNBB, *5º Plano Bienal*, doc. 16, n. 2.
[13] BORAN, *O senso crítico e o método ver, julgar e agir*, p. 152.

contram as principais causas dos desequilíbrios da comunidade."[14]

- No quinto, serão escolhidas as *atividades*: as estratégias, os instrumentos, os meios de ação para concretizar os objetivos: "O que vamos fazer concretamente?". Essas atividades podem ser: atividades tradicionais que existem na comunidade e devem continuar; bem como atividades ocasionais como festas especiais, situações especiais que aparecem uma vez ou outra; ou atividades novas que deverão ser criadas em vista das necessidades percebidas na caminhada.[15]

Estaremos respondendo, assim, quais as pessoas envolvidas no processo da catequese dos adolescentes (quem), quando se vai realizar o programa, o local da ação (onde); os colaboradores nessa ação (com quem: pessoas e/ou grupos) e ver os custos dessa ação (quanto).

O *acompanhamento* do plano é tarefa dos coordenadores ou dos responsáveis pela catequese dos adolescentes, que: informa o andamento do plano; insiste sobre os objetivos e prioridades; permite a adaptação nos imprevistos; está presente nos momentos mais problemáticos; questiona o caminhar do plano no que foi feito ou como foi feito; nunca faz nada no lugar dos outros.

Ao planejar uma atividade, esta deve estar em sintonia com o objetivo da paróquia e (arqui)diocese, tomando cuidado para não haver ingerência em outros setores de pastoral. Analisar se determinada atividade pensada pelo grupo de catequese não poderá ser realizada em parceria com grupos de outras pastorais e movimentos.

Para organizarmos o plano é essencial levar em conta três universos em relação ao adolescente:

a) O que sentimos ser importante passar para ele.

b) O que ele pede, suplica, oralmente ou por comportamento.

---

[14] Ibid., p. 152.
[15] Ibid., p. 153.

c) A flexibilidade dele de adaptar-se ao que o mundo traz ou ao que é apontado pela sociedade, sempre numa linha de liberdade, sem perder o seu protagonismo histórico.

Dicas

Alguns conselhos para o bom desenvolvimento de um trabalho com adolescentes a serem atingidos num processo catequético na comunidade/paróquia:

1. Conter em seu esquema um "histórico" do porquê de tal trabalho. É claro que esse histórico passará pelo *ver*, detectando os desafios e perspectivas a serem enfrentados, bem como a realidade onde vivem tais adolescentes. Depois teremos um olhar para o "mundo do adolescente" que será atingido e, ao mesmo tempo, como é feita a assistência religiosa ou quais são os espaços que eles encontram na vida da comunidade.

2. Cuidar das "motivações para o desenvolvimento desse trabalho".

3. Definir quais "ações concretas" em relação aos adolescentes queremos desenvolver.

4. Estabelecer quais as descobertas e conclusões principais que alcançamos.

Pelo seu dinamismo natural, para levarmos um trabalho com adolescentes, é necessário cativá-los: "Acolher o adolescente na comunidade e favorecer o compromisso real e fiel na mesma".[16]

Para tanto, "oferecer oportunidades para que, na busca do seu universo, nas suas descobertas, tendências e valores, o adolescente se sinta estimulado para a vivência cristã".[17]

Assim sendo, nossa metodologia de ação deverá levar em conta as dimensões lúdica, afetiva e participativa, e a

---

[16] DNC 196 (a).
[17] DNC 196 (b).

busca de aventuras no mundo do adolescente, com a promoção de "atividades artísticas, danças, músicas".[18]

Além dessas atividades, ainda se sugere "realizar passeios, entrevistas, romarias, excursões, refletir sobre temas próprios da idade, buscando o auxílio das ciências, sobretudo a psicologia".[19]

Na linha dos conteúdos, utilizar os recursos segundo os seguintes temas: visual, auditivo e expressão corporal. A linguagem seja adaptada à idade do adolescente, para que possa fazer o salto de amadurecimento para a etapa da juventude e, posteriormente, para a idade adulta, alimentando "a consciência de que o crescimento na fé requer uma formação continuada, rumo à maturidade em Cristo (cf. Ef 4,3)".[20]

Os momentos catequéticos não podem ter "ranços acadêmico-escolares". O adolescente não quer ser escravo de "esquema escolar". Sua mente vive mais no mundo abstrato. Ele transita no mundo concreto quando se relaciona com seus amigos e amigas. Nesse processo catequético, é preciso estar atento em valorizar a amizade do adolescente com as pessoas e com o grupo.

Após a realização da qualquer atividade, esta deverá ser avaliada pelos participantes e pela coordenação, e o resultado levado ao conhecimento de todo o grupo, especialmente da equipe de coordenação.

Avaliação

Antes de tudo, é bom nos perguntarmos por que avaliar o processo ou a caminhada? "Avaliar significa determinar o valor de alguma coisa. Auxiliar todos aqueles que participam dos mais variados programas de desenvolvimento a determinar o valor daquilo que estão fazendo."[21]

---

[18] DNC 196 (d).
[19] DNC 196 (e).
[20] DNC 196 (g).
[21] FEUERSTEIN, Marie-Thérèse, Avaliação, p. 6.

Quando perguntamos às pessoas sobre a importância da avaliação, temos alguns motivos importantes a serem relacionados: "Por que você faz avaliação?".

- Resultado (verificar o que foi alcançado).
- Medição do progresso (segundo os objetivos do programa).
- Aperfeiçoamento do controle (para uma melhor administração).
- Identificação de pontos fortes e de pontos fracos (para aprimorar o programa).
- Verificação da eficácia (que impacto teve o programa).
- Retorno (os custos foram razoáveis).
- Coleta de dados (para planejar e dirigir melhor as atividades do programa).
- Troca de experiências (evitar que outros cometam os mesmos erros ou incentivá-los a aplicar métodos semelhantes).
- Aumento da eficácia (para aumentar o impacto).
- Melhoria do Planejamento (mais condizente com os problemas da população, principalmente em nível comunitário).[22]

Essas respostas nos ajudam, sem sombra de dúvidas, a entender a importância do processo de avaliação no trabalho com os adolescentes.

As pessoas esperam muito de uma avaliação, "parece até que a avaliação precisa fazer todas as perguntas possíveis e fornecer todas as respostas possíveis. As perguntas que a avaliação 'faz' e as 'respostas' que podemos esperar devem ser cuidadosamente escolhidas. É bom lembrar que a avaliação não é um remédio para todos os males".[23] Assim, é imprescindível estar preparado para um processo de avaliação dos sucessos e fracassos que possam chegar. Como vimos antes, poderemos medir ou contar através do processo avaliativo.

---

[22] Ibid., p. 7.
[23] Ibid., p. 9.

Outro dado importante é a necessidade de planejar a avaliação: "Através do planejamento vamos definir como e quando pretendemos atingir os objetivos da avaliação". O planejamento permite:

- Selecionar as prioridades e os objetivos da avaliação.
- Indicar os métodos que vamos usar.
- Verificar detalhadamente o que é preciso fazer.
- Decidir o papel de cada um na avaliação.
- Indicar quanto tempo vai durar a avaliação e quanto vai custar.
- Mostrar como uma parte da avaliação está relacionada com as demais.
- Aperfeiçoar as técnicas de planejamento e organização.[24]

Todo grupo que se propõe a fazer uma ação, que se define por um objetivo, deve de tempos em tempos parar para *avaliar e rever* o caminhar dessa ação ou desse plano. Assim, "os objetivos a serem avaliados e os motivos para essa seleção precisam ser claramente formulados, porque futuramente poderá haver críticas, alegando que os objetivos realmente importantes foram ignorados".[25]

Algumas perguntas são importantes para compreendermos o processo avaliativo. Para tanto, "na revisão devemos *ver* (avaliar – rever): o que foi feito para atingir esse objetivo? O que foi transformado? Que situações novas percebem? O que não foi feito? Por que não foi feito? Como corrigir o erro?".[26]

Outra questão importante é a escolha do método adequado de avaliação. Ele poderá avaliar: as pessoas (catequistas, catequizandos); os programas (objetivos) ou as atividades programadas na catequese. São exemplos: "*Perguntas orais*, através de questionários, testes de conhecimento, gravações de fitas, reuniões e debates; *Perguntas escritas*, atra-

---

[24] Ibid., p. 24.
[25] Ibid., p. 27.
[26] BORAN, *O senso crítico e o método ver, julgar e agir*, p. 153.

vés de questionários, testes de conhecimento, competência e atitudes; e *Análise de informações existentes*: como registros, prontuários, relatórios, diários e autobiografias".[27]

Na técnica ou utilização de oficina com adolescentes, a avaliação poderá ser segundo essa proposta: "Recordar o objetivo do encontro; lembrar o que mais chamou atenção sobre o texto bíblico refletido; até que ponto o tema de hoje foi assimilado pelo grupo".[28]

É necessário que a avaliação vá ao encontro do tema de reflexão estudado no dia do encontro, como, por exemplo: quando se estuda o "valor da pessoa", a avaliação iria nessa linha: "Recordar o objetivo do encontro; apontar alguns pontos positivos tratados nesta oficina; até que ponto esta oficina conseguiu mostrar que você deve amar a pessoa porque ela é digna em si, independentemente de suas qualidades, riquezas materiais, sua beleza física".[29]

Muitos catequistas nos Regionais e Dioceses também utilizam três argumentos nesse processo de avaliação: "Que bom!" (para os pontos positivos); "Que pena!" (para os pontos negativos); e "Sugestões" (a serem encaminhadas pela coordenação para um próximo evento).

---

[27] FEUERSTEIN, *Avaliação*, p. 33.
[28] PARÓQUIA do SAGRADO CORAÇÃO DE JESUS, *Catequese caminhando*, p. 52.
[29] Ibid., p. 21.

Conclusão

Nem sempre a fase da adolescência "recebe os devidos cuidados pastorais, ocasionando um vácuo entre a Primeira Comunhão Eucarística e a Confirmação. Urge para os adolescentes um projeto de crescimento na fé, no qual eles sejam protagonistas na descoberta da própria personalidade, no conhecimento e encantamento por Jesus Cristo, no compromisso com a comunidade e na coerência de vida cristã na sociedade".[1]

Educar o coração e a mente dos adolescentes e dos jovens a partir de Jesus Cristo, com o apoio de Palavra, testemunho, vida em comunidade e compromisso com a mudança e a transformação da sociedade, é uma missão realmente necessária, exigente e sublime.

O catequista bem formado e comprometido é uma alavanca poderosa para a Igreja e para o progresso ético de uma sociedade que desejamos, baseada nos ensinamentos de Cristo. Como ministro da Palavra, ele é encarregado de transmitir o ensinamento do Senhor e estimular a prática das virtudes cristãs. Os Bispos do Brasil valorizam muito os catequistas e recordam duas importantes tarefas: "Apresentar os meios para ser cristão e mostrar a alegria de viver o Evangelho. Catequizar é comunicar. O catequista comunica

---

[1] DNC 195.

mediante o testemunho, a Palavra e o culto. A comunicação autenticamente evangélica supõe uma experiência de vida na fé e de fé capaz de chegar ao coração daquele de quem se catequiza".²

Constatamos que são muitos os adolescentes e jovens que fizeram a sua caminhada rumo ao Sacramento da Eucaristia ou até da Crisma, mas que acabaram arrefecendo-se em seus compromissos e distanciando-se da vivência e da prática da fé. "É preciso levar seriamente em consideração tal fato, desenvolvendo um específico cuidado pastoral, valendo-se dos recursos formativos fornecidos pelo próprio caminho da iniciação."³

Se quisermos colocar e reforçar os alicerces, e assim ter pessoas engajadas no seguimento de Jesus e na comunidade cristã, urge canalizar nossas forças pastorais e comprometê-las nessa preciosa idade da adolescência e juventude, na qual se estruturam as grandes convicções e decisões para toda a vida.

Os adolescentes e jovens são uma grande "esperança" para a Igreja e para o mundo. Mas, ao mesmo tempo, representam "um grande desafio para o futuro da Igreja",⁴ que se sente sempre despreparada diante deles e, por isso, insegura, ao se questionar se estes jovens saberão dar continuidade à Igreja, à sua missão e, sobretudo, à sua fidelidade histórica a Jesus Cristo. Os adolescentes são um presente para a Igreja, e são o presente da Igreja. Eles buscam seu espaço na Igreja e na sociedade.

Os adolescentes e jovens constituem um grande contingente em todo o mundo. Em muitos países eles passam por desencanto, tédio, angústias, por se sentirem marginalizados, especialmente nos de maior capacidade administrativa (países ricos). Infelizmente, muitos não encontram espaço na vida eclesial. De um lado, eles refletem "frequentemente, as carências do amparo espiritual e moral das famílias e as

---

² CR 147.
³ DGC 181.
⁴ DGC 182, apud GS 2, ChL 46.

fraquezas da catequese recebida. Por outro lado, em tantos jovens, é forte e impetuoso o impulso da busca de um sentido, da solidariedade, do empenho social, da própria experiência religiosa".[5] Esta complexa situação deve ser levada em consideração nos grupos de adolescentes e jovens, que se revelam de grande importância, como uma "parteira" do nascimento dos jovens para a sociedade, a partir do ensinamento e dos valores evangélicos. Situa-se aqui a grande responsabilidade da união de todos: educadores, catequistas, comunidade e especialmente dos pais cristãos.

É imprescindível que neste campo de ação exista da parte dos pais um coração aberto, pois para penetrar o mundo do adolescente "os pais devem ser orientados não só para uma formação consciente e explicitamente cristã dos filhos, mas para eles mesmos crescerem em seu compromisso cristão e na capacidade de iluminar pela fé a realidade familiar e social, que são chamados a construir".[6] Não se pode imaginar um trabalho com adolescentes sem acompanhamento, envolvimento e presença dos pais no processo de evangelização, como educadores da fé. Assim, é necessário que se descubra "que uma das tarefas essenciais dos pais e da comunidade eclesial é criar ambiente e apoio para que a criança, o adolescente e o jovem caminhem para a maturidade na fé".[7]

Tendo como objetivo primeiro a felicidade dos próprios adolescentes, é de grande importância que a Igreja procure os melhores meios de assessorá-los, de ajudá-los. Os grupos de jovens são, neste sentido, de grande valor no acolhimento de tais adolescentes, especialmente na inserção deles num grupo de apoio, em que possam partilhar sua vida, seus caminhos, adquirir confiança, conhecer e conquistar valores, crescer em "estatura e graça", amadurecer de verdade, encontrar-se como pessoas, e assim poder amar e servir seus irmãos e irmãs.

---

[5] DGC 182.
[6] CR 123, apud CT 68.
[7] CR 131.

O Grupo Jovem bem estabelecido é ambiente propício para que aconteça a catequese dos adolescentes, no qual irá acontecer a pregação explícita de Jesus Cristo. Temos alguns exemplos de como Jesus atingia de modo direto a vida das pessoas do seu tempo, tais como o "episódio do jovem rico".[8] A catequese vem como proposta ao encontro de todos os adolescentes e jovens, procurando compreender os seus problemas e ajudá-los. Assim, eles "não devem ser considerados somente objeto de catequese, mas, sim, sujeitos ativos, protagonistas da evangelização e artífices da renovação social".[9] Descobrirão que é Jesus mesmo que os convida a viver na perfeição, no amor, na generosidade, na partilha. É ele mesmo quem convida o adolescente: "Vem e segue-me".[10]

Mas há um segundo objetivo a ser buscado: o bem da Igreja e da sociedade. Deve-se visar a uma catequese que leve os adolescentes ao engajamento comunitário e ao compromisso com a caminhada das comunidades, comprometidos na defesa da vida, a fim de trilharem um caminho de oração e serviço fraterno. Ao mesmo tempo uma catequese que leve em conta "a leitura da situação, a atenção às ciências humanas e à educação, a colaboração dos leigos e dos próprios jovens. A bem regulada ação do grupo, a filiação a válidas associações juvenis e o acompanhamento pessoal ao jovem, acompanhamento que inclui, como fato iminente, a direção espiritual, são mediações muito úteis para uma eficaz catequese".[11] Assim, faz-se de nossas comunidades um lugar de acolhida fraterna, e não somente de ensino de verdades, para que o catecismo dado se torne vida para as pessoas. Dessa forma, veremos acontecer aqui uma sociedade mais justa, a partir do anúncio do Reino feito por Jesus Cristo.

Outro fato importante é que a catequese voltada aos adolescentes e jovens "será mais proveitosa se procurar colocar em prática uma educação da fé orientada ao conjunto

---

[8] Mt 19,16-22.
[9] DGC 183, apud ChL 46; DCG (1971) 89.
[10] Mt 19,21b.
[11] DGC 184.

de problemas que afetam suas vidas. Para isso a catequese integra a análise da situação atual, ligando-se às ciências humanas, à educação, à colaboração dos leigos, e dos próprios jovens... Em particular é preciso uma catequese que aprofunde a experiência da participação litúrgica na comunidade, que dê importância à educação para a verdade e a liberdade, segundo o Evangelho, à formação da Consciência, à educação ao amor, à descoberta vocacional, à oração alegre e juvenil e ao compromisso cristão na sociedade".[12]

Uma vez mais chamamos a atenção para a necessidade de a catequese se inculturar no mundo dos adolescentes quanto à linguagem, à mentalidade, aos gostos e estilos, às questões culturais, "sabendo traduzir na sua linguagem, com paciência e sabedoria, a mensagem de Jesus, sem a trair".[13] É preciso ter os mesmos olhos, ouvidos, o sentir de Jesus adolescente. Vemos, neste caso, a importância da inculturação com os adolescentes das comunidades, a compreensão de sua cultura, seu modo de ser e agir, e aprender com eles a linguagem correta para falar das coisas da vida, da família, da escola, do mundo; tudo isso, iluminado pela Palavra do Evangelho e pelo ensinamento da Igreja.

O "I ECIAM"[14] ocorrido em Costa Rica, colocou em destaque a necessidade de uma caminhada conjunta das Pastorais que atendem os adolescentes, tais como a Pastoral Juvenil, a Adolescência Missionária e a Catequese de Perseverança. É urgente facilitar o acompanhamento dos adolescentes pelo trabalho conjunto desses setores e dimensões. Com isso, os adolescentes serão mais facilmente atendidos, cada qual respeitando sua área de atuação.

A Dimensão Missionária é intrínseca na catequese, já que ela faz parte do apelo de Jesus: "Ide, portanto, e fazei que todas as nações se tornem discípulos, batizando-as em nome do Pai, do Filho e do Espírito Santo e ensinando-as a

---

[12] DNC 193.
[13] DGC 185, apud CT 40.
[14] I ECIAM – *I Encontro Continental da Infância e Adolescência Missionária*, ocorrido em São José da Costa Rica, em julho de 2002.

observar tudo quanto vos ordenei".¹⁵ Nesse sentido, a catequese trabalha com os adolescentes de modo que se sintam protagonistas da história e da missão, assumindo como metodologia de trabalho o "seguimento de Jesus Cristo", e se coloquem disponíveis à vocação e missão a que foram chamados e enviados.

Nossa reflexão revelou também a fundamental importância da Comunidade Eclesial e da liturgia no processo catequético com adolescentes. É preciso que eles tenham fortes e progressivas experiências "através da oração, estudo, fraternidade, atividades transformadoras, para integrar pouco a pouco a comunidade maior. Para isso, esses grupos infantojuvenis devem sempre manter estreita ligação com a comunidade, realizando diversos serviços na celebração litúrgica, nos círculos bíblicos, e nas demais atividades comunitárias"¹⁶. Tudo isso acontecerá através da articulação e organização das equipes de liturgia, envolvendo todas as pessoas que auxiliam a comunidade nas celebrações, dando vez aos adolescentes e jovens. O adolescente, quando envolvido nesse processo, terá maior autoestima, vivência, participação, e descobrirá seu lugar na comunidade.

É evidente que a catequese não funciona sem catequistas, que levam adiante essa essencial missão evangelizadora da Igreja. Eles vivem numa caminhada complexa, exigente, mas esperançosa com centenas de turmas de catequizandos adolescentes e jovens. É, sem dúvida, causa de imensa alegria constatar que eles se firmam na prática religiosa, haurindo consistente conhecimento das verdades reveladas. Isto fluirá da mística do evangelizador que lhe advém do grande ideal de ser um competente catequista, agente construtor de uma sociedade verdadeiramente humana, justa, evangélica, formando o cristão adolescente cidadão de hoje no chão da realidade.

O desafio do catequista é grande diante de tudo o que vimos, mas é apaixonante. Ele "desenvolve um verdadeiro ministério, um serviço à comunidade cristã, sustentado por

---

¹⁵ Mt 28,19-20.
¹⁶ CR 135.

um especial carisma do Espírito de Deus".[17] É bonito e estimulante perceber com quanta responsabilidade os catequistas se dedicam às crianças, aos adolescentes e aos jovens no ministério da catequese. Cabe à Igreja investir generosamente nos catequistas e educadores, para que cultivem as qualidades que já têm e superem as dificuldades que encontram. Devemos visar à realização pessoal e espiritual de catequistas, para que possam testemunhar a alegria de ser cristãos e de exercerem seu ministério junto aos catequizandos.

O grande sonho é que todas as comunidades sejam uma catequese permanente, alimentando, assim, a vitalidade da Igreja. Que se concretizem as palavras do profeta Isaías: "Quão formosos, sobre os montes, são os pés do mensageiro, do que anuncia a paz, do que proclama as boas novas e anuncia a salvação",[18] levando todos a viver intensamente o apelo missionário de sua fé. Os adolescentes certamente terão, pois, o ambiente propício e estimulante para darem passos decisivos e de qualidade em seu crescimento no seguimento de Jesus, na comunidade eclesial, no profetismo da sociedade e rumando para a maturidade em Cristo.

---

[17] CR 145.
[18] Is 52,7.

Bibliografia

ARQUIDIOCESE DE CURITIBA. *Orientações gerais sobre a catequese.* s/d.

AUSUBEL, Nathan. *Conhecimento judaico I.* Rio de Janeiro: A. Koogan, 1964.

BÍBLIA SAGRADA. Tradução da CNBB. São Paulo: Paulus, 2001.

BOMBONATTO, Vera Ivanise. *Evangelizar é comunicar*; fundamentação bíblico-teológica da Pastoral da Comunicação. São Paulo: Paulinas, 2009.

BORAN, Jorge. *O senso crítico e o método ver, julgar e agir.* São Paulo: Loyola, 1982.

CANO, Betuel. *Ética*: arte de viver; a alegria de crescer em família. São Paulo: Paulinas, 2001.

CANSI, Frei Bernardo. *Vamos conhecer e amar a catequese.* Petrópolis: Vozes, 1994.

CELAM. *Conclusões da Conferência de Medellín.* São Paulo: Paulinas, 1968.

_____. *Conclusões da Conferência de Puebla.* São Paulo: Paulinas, 1979.

_____. *Para uma Pastoral de Adolescentes.* São Paulo: CCJ, 1998.

CHAMPLIN, Russel Norman. *O Novo Testamento interpretado.* São Paulo: Milenium, 1985. v. I e II.

CNBB. *A família*; mudança e caminhos. Doc. 7. São Paulo: Paulinas, 1979.

_____. *5º Plano Bienal dos Organismos Nacionais: 1979/1980.* Doc. 16. São Paulo: Paulinas, 1980.

_____. *Catequese renovada*; orientações e conteúdo. Doc. 26. 27. ed. São Paulo: Paulinas, 1999.

_____. *Campanha da Fraternidade*: "A fraternidade e as drogas", 2001.

_____. *Com adultos, catequese adulta.* Doc. 80. São Paulo: Paulus, 2001.

_____. *Diretório Nacional de Catequese.* Doc. 84. São Paulo: Paulinas, 2007.

CNBB. *Iniciação à vida cristã*; um processo com inspiração catecumenal. Brasília: Ed. CNBB, 2010. (Estudos da CNBB, n. 97.)

CONFERÊNCIA GERAL DO EPISCOPADO LATINO-AMERICANO E DO CARIBE, *Conclusões da Conferência de Aparecida*. São Paulo: Paulus/Paulinas/Ed. CNBB, 2007.

CONGREGAÇÃO PARA O CLERO. *Diretório Geral para a Catequese*. São Paulo: Loyola/Paulinas, 2001.

CRUZ, Therezinha. *Catequistas evangelizando os jovens e deixando-se evangelizar por eles*. Goiânia: Ed. Redentorista, 1992.

CURY, Jorge Augusto. *Análise da inteligência de Cristo, o Mestre dos Mestres*. São Paulo: Editora Academia de Inteligência, 1999.

DA COSTA, Ana Carolina L. L.; GONÇALVES, Elizabeth Costa. A sociedade, a escola e a família diante das drogas. In: BUCHER, Richard (Org.). *As drogas e a vida*; uma abordagem psicossocial. São Paulo: Ed. Pedagógica Universitária Ltda., 1988.

DOCUMENTOS do Concílio Vaticano II. Petrópolis: Vozes, 1966.

FEUERSTEIN, Marie-Thérèse. *Avaliação*. São Paulo: Paulinas, 1990.

GALDURÓZ, José Carlos F. Uso na vida; quando a pessoa fez uso de qualquer droga pelo menos uma vez na vida. *IV Levantamento sobre o Uso de Drogas entre Estudantes de 1º e 2º Graus em 10 Capitais Brasileiras*, 1977. São Paulo: Universidade Federal de São Paulo/Escola Paulista de Medicina; Centro Brasileiro de Informações sobre Drogas Psicotrópicas (Cebrid), 1997.

GAROFALO, Salvatore, *Il Vangelo di S. Luca*. Roma: Città Nuova, 1966.

JOÃO PAULO II. *Catechesi Tradendae*; a catequese hoje. São Paulo: Paulinas, 1980.

_____. *Ecclesia in Africa*; exortação apostólica pós-sinodal. São Paulo: Paulinas, 1995.

_____. *Ecclesia in America*; exortação apostólica pós-sinodal. São Paulo: Paulus, 1999.

LEAL, Juan; DEL PARAMO, Severiano; ALONSO, José. *La Sagrada Escritura, Nuevo Testamento*. Madrid: Ed. Católica, 1961.

LELO, Antonio Francisco. *Catequese com estilo catecumenal*. São Paulo: Paulinas, 2006.

MAZZARELLO, Maria Luísa. *Revista de Catequese*, São Paulo, Salesianas, n. 5, p. 72.

MONTEOLIVA, José M. *O dilema da sexualidade*. São Paulo: Loyola, 1992.

NERY, Israel José. *Catequese em escola católica*. Petrópolis: Vozes, 1975.

NÚCLEO DE CATEQUESE MARISTA. *A catequese na escola*. São Paulo: Paulinas, 2010.

OLIVEIRA, Ralfy Mendes de. *Vocabulário de pastoral catequética*. São Paulo: Loyola, 1992.

OSÓRIO, Luís Carlos. *Adolescente hoje*. Porto Alegre: Artmed, 1992.

PARÓQUIA SAGRADO CORAÇÃO DE JESUS. *Catequese caminhando*. Perseverança (1º Ano). Amargosa: Ed. Diocese de Amargosa, s/d.

PAULO VI. *Evangelii Nuntiandi*; a evangelização no mundo contemporâneo. São Paulo: Paulinas, 1975.

PELUSO, Ângelo. *Adolescentes*; pesquisa sobre uma idade de risco. São Paulo: Paulinas, 1998.

PONTIFÍCIO CONSELHO PARA A FAMÍLIA. *Léxicon*; termos ambíguos e discutidos sobre família, vida e questões éticas. 2. ed. Brasília: Edições CNBB, 2007.

PUNTEL, Joana T. *Cultura midiática e Igreja*; uma nova ambiência. São Paulo: Paulinas, 2005.

REVISTA DE CATEQUESE. *Catequese Familiar Rural*. São Paulo: Salesiana, s/d.

SAGRADA CONGREGAÇÃO PARA O CULTO DIVINO. *Rito da Iniciação Cristã dos Adultos*. São Paulo: Paulinas, 1975.

SALLES, Leila Maria Ferreira. *Adolescência, escola e cotidiano*. Piracicaba-SP: Ed. Unimep, 1998.

SLOYAN, Gerard S. *Evangelho de Marcos*. São Paulo: Paulinas, 1975.

SOUZA, Dr. Ronaldo Pagnoncelli de. *O Adolescente do terceiro milênio*. Porto Alegre: Mercado Aberto Ltda., 1999.

SOUZA, Matusalém; VERAS, Manoel. *Revista de Catequese*, São Paulo, Salesianas, n. 33.

Impresso na gráfica da
Pia Sociedade Filhas de São Paulo
Via Raposo Tavares, km 19,145
05577-300 - São Paulo, SP - Brasil - 2011